悦读名品
make magic media

笑对无礼之人

무례한 사람에게 웃으며 대처하는 법

（韩）郑文正 ◎著

王倩倩 ◎译

化学工业出版社

·北京·

무례한 사람에게 웃으며 대처하는 법

Copyright © 2018 by Jeong Moonjeong

All rights reserved.

Simplified Chinese copyright © 2022 by Beijing ERC Media, Inc.

This simplified Chinese edition was published by arrangement with Gana Publishing Co., Ltd. through Agency Liang

本书中文简体字版由 Gana Publishing Co., Ltd. 授权化学工业出版社有限公司独家出版发行。

本书仅限在中国内地（大陆）销售，不得销往中国香港、澳门和台湾地区。未经许可，不得以任何方式复制或抄袭本书的任何部分，违者必究。

北京市版权局著作权合同登记号：01-2021-5850

图书在版编目（CIP）数据

笑对无礼之人 /（韩）郑文正著；王倩倩译. —北京：化学工业出版社，2022.2

ISBN 978-7-122-40517-3

Ⅰ.①笑… Ⅱ.①郑… ②王… Ⅲ.①人际关系学 Ⅳ.①C912.11

中国版本图书馆 CIP 数据核字（2021）第 273014 号

责任编辑：张焕强　郑叶琳　　　　　装帧设计：韩　飞

责任校对：宋　玮

出版发行：化学工业出版社（北京市东城区青年湖南街 13 号　邮政编码 100011）

印　　装：三河市双峰印刷装订有限公司

880mm×1230mm　1/32　印张 5¾　字数 88 千字　2022 年 6 月北京第 1 版第 1 次印刷

购书咨询：010-64518888　　　　　售后服务：010-64518899

网　　址：http://www.cip.com.cn

凡购买本书，如有缺损质量问题，本社销售中心负责调换。

定　　价：59.00 元　　　　　　　　　　　版权所有 违者必究

生活中如何对待无礼之人?

在看某综艺节目的时候,其中一个场面令我颇感惊讶。这档综艺节目是个常见的脱口秀节目,嘉宾们就各种话题展开讨论。一位男艺人对喜剧演员金淑这样说道:"你长得像个男的。"他平时也会随意提出一些庸俗无礼的问题,常令节目录制人员措手不及。面对这种情况,多数人会一笑了之或自嘲应对,而金淑却不同。她盯着那个男艺人,冒出了一句:"欸?我被伤到了!"简简单单的话语中听不出任何感情。对方随即道歉说是开玩笑,金淑也微笑回应"没关系",在接受道歉的同时自然而然地转移了话题。

看了这个场面,我感触良多。在日常生活中,女性的脸蛋及身材一直是人们评头论足的对象;综艺节目中更是经常利用女性的外貌反差作为爆点,如在节目中设计面容姣好、备受称赞的女性角色和与之形成反差、被男性取笑的女性角色。女性若被人取笑称"水桶腰""胸小""长得丑",通常会附和着大家,一笑了之。若有女性面露不悦之色,周围人便会说:"只是句玩笑话,干吗这么当真?"他们很容易将这样的女性视为"节目杠精",因此大部分女性选择了隐忍。就这样隐忍下去,直到某一瞬间自己的不满爆发出来时,对方则会说:"我不知道你讨厌别人这样说,干吗不早说嘛!"

在韩国上下级意识明确、男权主义盛行的文化氛围下,经常可以看到越是年龄小的女生,越是会因不知如何表达自己而惊慌失措,备受伤害。她们担心若如实表露日常生活中不舒服的感受会不被理解,害怕在与深谙军队文化的男性相比较时,被认为是"不适应集体环境"或"社交能力差",而将自己的内心隐藏起来,继而翻来覆去地想,最后往往将问题归结于个人:"应该是我做了让人误会的事。""那人可能不是那意思,会不会是我太敏感了?"于是,那个人"给我造成了伤害"这一事实便消失不见,只有"过于敏感的我"留在了原地。

但是若女性表现出强烈不满的话,很容易被认为是过于敏感。"怎么能这样说话呢""我现在相当不开心",若非内心强大,诸如此类直白的话语很难说出口。在韩国社会,面对年长者或上司时更是如此。小时候由于自己把握不好情感表达的尺度,在人际关系方面经常是一塌糊涂,而这方面从未有人教过我。很多时候，我要么是在争论之后开始指责对方，要么因为愤怒、忍无可忍而号啕大哭，有时也会忍着忍着就断了关系。因此我一直都很好奇：遇到无礼之人时，如何才能表现得决绝而又不失风度呢？

金淑的"我被伤到了"这句话令我记忆深刻的原因也在于此。简短而又有力的一句话，既不会让对方格外难堪，又成功表达了自己的意思。对方虽然立刻道了歉，但伤害已经造成，金淑随即接受道歉并翻篇，直爽果断。故事到这里并未结束，向金淑道歉的那个男艺人之前说出这种话的时候没人反驳，而这次被金淑指出，他便有机会意识到"这一行为可能有问题"，这对他的人生而言其实也算是一件幸事。人都会犯错，但若意识不到错误的话，那便会反复犯错。之所以职位越高、年龄越长，无礼之人会越多，也是因为他们鲜有机会听到别人喊停。在缺乏横向平等交流的社会，权势霸凌并不意外。

金淑表现出了"母系家长"的形象。对于韩国社会常见的"女人要端庄""酒应该女人倒"这类言论，她回应以"男人要端庄""酒应该男人倒"。这一说话技巧也格外有趣。她在 tvN 电视台《SNL 韩国》节目中说出的台词亦是如此。上司说："你怎么这么敏感？来例假了？"她便反击："那部长您怎么这么开心？今天梦遗了吗？"金淑对韩国的一句俗语进行了改编，留下了"男人的声音要是越过了围墙就会家破人亡①"的名言。通过这种反讽，人们在笑声中意识到：一直以来自己不加思考所听所说的话语中蕴含着太多的偏见和暴力。

不只是金淑，演员李孝利也让人见识到了颇具魅力的说话技巧。李孝利在参加某综艺节目时，主持人要她表演作为 Fin.K.L 成员时表演过的舞蹈和歌曲。李孝利笑着对他说："你的主持风格还是这般老套啊！"接着又补充道："最近人们都没太听过 Fin.K.L 的歌。"自然而然地避开了这一要求。李孝利趁着她说主持人落伍，其他参演嘉宾纷纷响应的机会，轻松转移了话题，这一应对方式既幽默又老练。

也有与上述情况类似，当事人采用不同方式来应对的例子。某知名女团在参加综艺节目时被男主持人要求表演撒娇。也许长期以来一直遭受着这种无理要求的折磨，她们听后随即哭着表示"不想表演撒娇"。在成员们的哭声中，节目氛围变得凝重，该女团也因此被误解、被批判为不敬业。她们所承受的压力固然可以理解，但我依然觉得有些遗憾，倘若她们能处理得再老练一点就好了。在她们身上我仿佛看到了以前的自己，不禁唏嘘不已。

---

① 韩国有俗语称"女人声音越过围墙的话会家破人亡"，意指女性要服从，不能有太强的自我主张。——译者注

我们在日常生活中会遇到很多无礼的人。不同人之间、不同的关系之间有着不同的心理距离；有些人会忽略这一点，贸然越界。有没有办法既能提醒他们"踩线了"，又不令对方感到尴尬呢？当然有。在这本书中我想要告诉大家的正是这些方法。不过要想把方法运用得好，则需要练习。走过 20 多年的岁月，我发现若是一味容忍伤害自己的人，自己便会变得沮丧无力。我想活出自我，对于那些妨碍我听从内心声音的外界干扰，我想轻松地按下消音按钮。就像每天要运动来锻炼身体一样，自我表达肌肉力量的增强也需要付出时间和努力。我持续练习，毫不懈怠。如今的我，已不会在每个晚上回忆别人给我带来的伤害，不再自责。

无须生气或哭泣也有办法表明自身立场。这本书包含了我所尝试的训练方法中最有效的方法和在此过程中我领悟到的东西。即便遇到了无礼之人，在气势上也不能输，因为我们有诸多能在面带微笑的同时优雅警告对方的方法。希望这本书能给那些想在无礼人群中找寻自我的人带来实质性的帮助。

第 1 章　你的善良，要有锋芒

第4章　养成不被负面言论打倒的习惯　103

·········· 第1章 ··········

你的善良，要有锋芒

———

你不喊停，他便不会收敛

国会议员金武星的"盲传球^①"（no look pass）让我见识到了趾高气扬的新境界。他在机场入境大厅将行李箱随手推给接机人员的视频掀起了轩然大波。前来接机的人躬身行礼，金议员却直接将行李箱推了过去，看都没看他一眼。在那么多的镜头面前，即便考虑到自身形象也应做做样子，但于金武星而言，这是一件再自然不过的事情，连样子都无须去做。事实上，在陷入舆论风波之后，金武星曾受邀对此做出解释，当时他辩称："这有什么问题吗？本来就忙，还要因为这些鸡毛蒜皮的小事……"

这一视频之所以被推上热搜，引发热议，多半是因为那个在行礼后抬头的瞬间匆忙接住行李箱的人，我们从他身上感受到了那种熟悉的屈辱感。《韩国国语词典》对"屈辱感"的释义："被轻视或鄙视而感受到的羞耻感"。金赞虎（音译）教授在《屈辱感》一书中称，为了填补个人的不足和空虚，韩国人最常用的办

---

① 2017 年 5 月 23 日，韩国国会议员金武星由日本回国，在首尔金浦机场入境大厅看都没看接机人员一眼，随手将行李箱推了过去，随后阔步迈向出口。由于该场面容易让人联想起篮球及足球运动中的"盲传球"技术，这一事件便被称为金武星"盲传球"事件。——译者注

法之一便是侮辱他人。通过划分等级，对他人的无视来获得自身的存在感。金武星议员的视频我也是看了又看，看着看着便觉得有些伤感，那些曾经被我忘却的屈辱透过接机人员的身影又浮现了上来。

　　曾经夜深人静的时候，我会习惯性地反复问自己做错了什么。拖着沉重的步子回到家，即便脱了鞋，在外听到的那些极为负面的话语却依旧跟随着我，潜入房间，甩也甩不掉。上大学时，为了挣生活费，一到周末我便在电影院、啤酒屋、家庭餐厅等地方打工。对我来说紧张的工作场所却是客人们享受服务、日常减压的治愈之地。因为工作需要保持持续的热情和微笑，感到力不从心的我曾多次想甩手不干。每次上班前都要把碍手碍脚的自尊心揉成一团，放在家里，结果就是自尊心一直被掩藏，到了真正需要的时候，我却想不起来把它拿出来。

　　"就是因为脑袋不灵光，才在这种地方干活嘛。"类似的话语，客人们说得若无其事。不单单是他们，生活中诸如此类的奇怪言论随处可见。大学时交往的男友比我年纪大一些，他曾对我说："你一个女的，太强势了，这很成问题。"也曾经有教授在课堂上说"女人们很自私，企业不喜欢招女人"。体形偏胖的学妹穿了裙子上学，学长们嘻嘻哈哈地笑着说："哎呀，你真有勇气！"在这些饱含偏见、压迫、暴力的话语之下，我愈来愈萎缩。当然，这其中也有并无恶意的玩笑，但同样会带来伤痛。

随着年龄的增长，我意识到面对别人奇怪的言论，要正面去面对，因为自己的一味忍让会让对方从中获得勇气，接下来他便会持续做出类似的行为，而他们也会对生活中遇到的其他人同样做出这些"能够让人接受"（他们如是想）的行为。与此同时，自己却因未能应对这些言论而倍感挫折；而这种挫折感，累积久了遇到比自己弱小的人群时便会爆发。这便是"踢猫效应[①]"。

亲切热情地对待每一个人并非万全之策，这一点在企业里也得到了证明。2012年现代卡公司对电话接线员下发指示：在面对性骚扰或出口成"脏"的客户时，在警告其两次后对方仍未做出改变的，可以率先挂断电话。自2016年始，除了性骚扰及出口成"脏"的客户外，发表侮辱人格或威胁性质言论的客户也被列入此列。这一"挂断政策"实施后，接线员的离职

---

① "踢猫效应"是指对弱于自己或者等级低于自己的对象发泄不满情绪而产生的连锁反应。——译者注

率显著降低。该规定对那些出口成"脏"的人也产生了影响，据说有很多人在听到接线员警告说要结束咨询后，在感到意外的同时马上转变了态度。

无礼之人起初也并非如此。根据角色不同，人们会选择合适的外衣来包装自己，但不知从何时起人们却忘记了脱掉"强势一方"的外衣。我见过很多公司老总，在家或与友人会面时依旧以老总身份自居。有的人上了年纪，随着社会地位的提升，能对其行为进行约束的人越来越少，他们的内心便会冒出自己绝对正确的想法。与此同时，傲慢之心会越来越膨胀，像气球一样飞向高空，结果便是所有人都落在其脚下。

"权势霸凌""狗叔①"等韩语词汇日益走向世界。英国《独立报》对其进行了说明，并指出"权势霸凌"是韩国社会的痼疾。"权势霸凌"的"传承"须止于我们这一代。若要做到这一点，应当营造出抵制"权势霸凌"的社会氛围。当社会鼓励每个人都明确表达自己想法时，公平自由的文化将会成为我们的遗产代代相传。在韩国，以忍让为美德的时代已经落下帷幕。

---

①"狗叔"一词由"狗"与"大叔"合成而来，是对不知分寸的中年男性的鄙称。——译者注

"理直气壮"一词为何让人感觉不舒服

身高一米六五、体重七十七公斤的大码模特金智阳打破了唯有高挑苗条才能成为模特这一偏见。

媒体在介绍她时必会提及"理直气壮"一词。"理直气壮"地站上舞台,"理直气壮"地摆姿势,"理直气壮"而又帅气地表现自我。词典中对"理直气壮"的解释是:"展现在他人面前的形象或态度堂堂正正、当之无愧"。但讽刺的是,"我理直气壮"这句话给人一种强烈的对某种情形进行辩解的感觉。

体格健壮的女子本不应"理直气壮",但她却坦然自若。这一点令人惊讶,同时又让人觉得了不起。常用于女性,表示女性对女性喜欢和仰慕的"girl crush"(天仙攻、又帅又美)一词,其核心亦是理直气壮、坦坦荡荡。虽说"理直气壮"一词是对那些敢于表达自我、看起来充满自信的女性的赞扬,但我从未见过该词用于具有同样特点的男性身上。在网站上搜索"理直气壮的男人",结果大都是"出轨也理直气壮的男人"等。一个男人自信,勇于表现自己,大家会说他"像个男人""有魄力",而不会用"理直气壮"一词来形容。为什么呢?因为男人理直气壮是理所当然的。

诸如此类对女性下意识的偏见，会使女性给自己的行为设限。在美国，男演员和女演员的片酬差距一度成为争论的话题。演员珍妮弗·劳伦斯（Jennifer Lawrence）写了一篇题为《为什么我拿的钱比男同事少?》的文章，批判了好莱坞一贯的片酬政策。她在文中称，男演员强烈地表达出自己的意愿，成功签订了高片酬的合同，而自己却后悔为何只在意避免让自己看起来没教养。她在文章中这样写道：

> "我不想让人觉得我是个挑剔刻薄又不识规矩的人，其实这几年我一直在努力改变这种心态。据统计，存在类似问题的女性貌似不止我一个。我们之所以这样做是社会决定的吗？只能用避免令男人感到'不愉快''害怕'的方式来表明意见的陋习依旧存在吗？……我好像没见过有男同事因为纠结于自己该如何说话来表达自己的意见而浪费时间。我确信即使他们以强硬的态度进行谈判，人们也会称赞说'这是战略性行为'。而我却在担心自己会显得没教养，连自己应得的那份也得不到。"

不仅仅是在电影界，在我们日常生活中亦是如此。即便是提出了同样的反对意见，唯独女员工常被批评为"过于感性""没教养"。见到前辈们如此，女员工自然会尽可能不去表现自己，保持低调。能干上进的女性经常能听到别人用"强势"一词来形容自己，"强势的女性"和"理直气壮的女性"使用的语境类似。"强势"一词同样是仅用于女性不用于男性的特殊词语。

在察觉到这些奇怪的现象后，每当听到有人说我"理直气壮"时，我便会觉得不舒服。以前我每次去参加婚礼时，新娘个个都像犯了罪的罪犯一样，自始至终低着头，对此我感到特别无法理解。所以我在结婚典礼上，昂首挺胸，笑着与宾客一一对视。我在人们面前大声宣读誓言，其中也没有用到"侍奉丈夫""围着锅台转"等旧式表述。结果在婚礼结束后，就听说妈妈的朋友们感到很惊讶："新娘怎么如此理直气壮？"宾客会有这样的反应虽在意料之中，但传到我的耳朵里时，我依旧觉得心里很不是滋味，一个人的想法改变起来当真不易啊！

实际上，比起想说的内容，女性会花更多的时间去思考如何表述，但最后却时常会忘记内容本身。这是因为她们担心自己会看起来没教养，担心如果如实表达自身想法的话，对方会讨厌自己。我想对有着这些顾虑的女性说：让我们一起变得理直气壮吧。如果女性在日常生活中像男性一样理直气壮成为常态，总有一天用于女性的"理直气壮"一词终会消失吧？我期待能生活在这样的世界——"理直气壮"一词不再是个有着特殊内涵的赞美之词。

嗜睡？贪吃？那可能是因为心痛

"……我们非常遗憾地通知您，由于名额有限无法与您携手前行。希望下次有机会合作。"

这种不失礼貌但令人不快的信息，让人不知如何是好。我拉上窗帘，躺在床上，盖上了被子。午饭刚吃没多久，就是想睡。再次睁开眼睛，拿过手机一看，已经过去了四个小时。我放下手机，继续睡觉。睡了近两个小时后醒了，接着睡；两三个小时后又醒了过来。一整晚反反复复，睡了醒、醒了睡。

一天要睡 14 个小时以上才能勉强打起精神，这种状态持续了一周才逐渐好转。处理着手边堆积如山的工作，我逐渐从漫长的嗜睡状态中调整了过来。怎么会这么想睡觉呢？那段昏暗的时光在很长一段时间内都是个谜。

我想起那段时光是源于某次与朋友闲聊，她说道：

"我最近总是睡很久，担心自己得了什么病去了趟医院，结果医生说：'最近很辛苦吧！您应该是想逃避现实。'听了这话我差点哭出来。"

如此说来我那段时间只想睡觉，不想睁眼，也许是因为同一个原因。

之前我对"压力是万病之源"这句话未能感同身受，这次对"心痛嗜睡"这句话颇有感触。现在想来，我小时候几乎从未关心过自己的身体。20多岁时想到身体时也只是"要是能跟明星一样苗条就好了"这样的想法，"保持身材"成了减肥的同义词。也许我的内心已经多次尝试通过身体来传达信息，而我每次却都只当作是身体异常，未曾注意。事实却是身体健康和心理健康息息相关。

我回顾了一下身体向我发出的信号。20岁出头的时候，有段时间我经常往嘴里狂塞各种食物。晚上拖着沉重的脚步走在下班回家的路上，突然想吃比萨饼、想吃炸鸡、想吃泡面。吃了这些油腻的食物又特别想喝可乐。有时去便利店买回一大堆零食，吃到肚子不舒服又去吐。后来我才知道，原来这是一种进食障碍。

准备就业的那段时间，我感觉自己就像是丛林中微不足道的食草动物，喜欢计划一切，想要控制一切，以至于被别人称为"完美主义者"。后来读了一些心理学书籍才知道，这种强迫症倾向多会引发进食障碍。除了对身体的错误认知外，孤独或是现实中的不如意也多会引起进食障碍，这是由于心理无法得到满足转而想要填满自己的胃。

长期压力过大的话，身体会受到有害健康的激素攻击。因不安和恐惧导致免疫力下降，为减少压力，身体会选择逃避现实的方式来进行防御。大脑对压力进行反应的同时，五脏六腑也会接收到同样的信号。有研究结果显示，承受极大压力的人比普通人出现腹痛症状的概率要高达三倍。

如果身体开始出现腹痛、便秘、瘙痒、暴食或厌食、头痛、恐慌障碍、失眠等未曾出现过的症状，那么需要好好检查一下自己的身体。因为这些症状很有可能不是因为身体脆弱或是没注意维护身体健康而出现的。我不喜欢"用意志力来控制身体"之类的话。身体不是用来征服的，只是用来经历世事的。我们的身心并非必须分出胜负的竞争者，而是相拥前行的好伙伴。

克服了进食障碍的人经常会将其秘诀归于某些心理因素，诸如"从我在日记里表扬自己那时起""从我

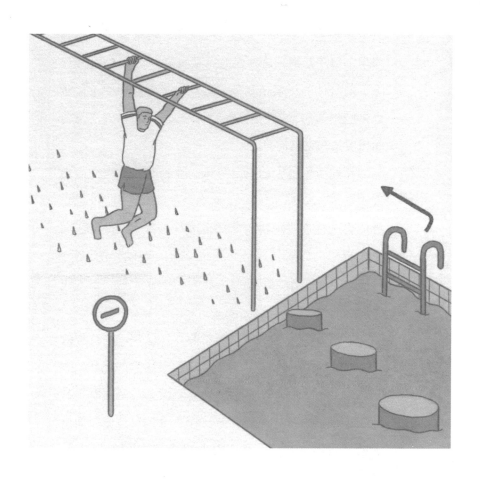

内心不稳定时，
身体也会向我们传达问题信息，
促使我们停下脚步，
此时深入剖析内心便是在逐渐了解我们的身体。

开始了一段甜蜜稳定的恋情时起""从我开始接受家人
的关心和包容时起"等。在疲惫无力的日常生活中之
所以能获得挣扎前行的力量，是源于自己被理解和能
让自己意识到存活于世上之意义的一段关系。内心不
稳定时，身体也会向我们传达问题信息，促使我们停
下脚步，此时深入剖析内心便是在逐渐了解我们的身
体。当我们发现心理问题并开始调整时，身体也会逐
渐找回平衡。

二女儿为何总是失恋

　　我曾在一个周刊上开设了一年的恋爱咨询专栏。
大学生们发来与恋爱相关的困扰，我看过之后给出建
议。给我发邮件的大部分女生的烦恼是：为了幸福而
开始恋爱，但却因恋爱而变得不幸、畏缩。与之相反，
男生们的问题却可以归结为一个：如何才能恋爱呢？
　　很多女生因恋情不顺而备感苦恼。在读了她们的
故事或与她们面对面聊天后，我发现了一个奇怪的共
同点：执着于对方而无法放手的女生、任由暴力专横
的对方摆布的女生、因老好人情结频遭利用的女生，
屡屡遭受爱情之苦的她们，大部分在成长过程中都未

能从家人那里得到足够的关爱。经常能听她们提起，因为家中的老大和老幺，自己不被关注。她们自尊感低，有比同龄人更早开始恋爱的倾向，其中上有姐姐下有弟弟的二女儿特别多。我不禁感到好奇：重蹈自我毁灭型恋爱的覆辙和成长过程中爱的缺失，这两者之间到底有什么关系？

研究出生次序对心理影响的家庭心理专家凯文·莱曼（Kevin Leman）表示，中间出生的孩子，如老二或老三，会比其他兄弟姐妹更容易"被冷落""被忽视"。老大在出生之前父母便给予了极大的关注，他们在父母的激动与期待中成长，但自老二开始便不再如此。而父母对老幺又有着特别的感情，这种感情老二自然也无法获得。家族相册中老二的单人照会比其他孩子少很多，单从这一点也可见一斑。

我是家里的老二，出生在重男轻女思想严重的大邱，据说渴望儿子的妈妈生了我之后哭了几天几夜。自然情况下男孩儿出生率会比女孩儿高 5%。出生性别比在 103～107 之间算正常，而在我出生的 1986 年，性别比为 111.7。当时正是非法堕胎风气开始盛行之时，很多胎儿因为是女孩儿而被"拿掉"。

比我大一岁的姐姐有着老大的威严，小我五岁的弟弟因为是宝贝儿子有着独一无二的地位。与姐姐和弟弟不同的是，我没有百日照和周岁照。过年拜年的时候大人们总是说姐姐是老大，给一万韩元压岁钱，弟弟因为是儿子，也给一万韩元，而我却只能拿到五千韩元。时不时被拿来跟姐姐弟弟比较的我，慢慢地认为自己并不重要。

所以我逃走了。家这个地方无法给我带来无限的关爱和肯定，我开始依赖于恋人和朋友，因为他们爱的是我本身。我从很早就开始谈恋爱，但却总是不尽如人意。

我无法轻易放下那些怠慢我的人，即使受到了不公平对待也只是一味容忍。很多时候即便心不甘情不愿，但担心自己的拒绝会令对方感到失望，最后还是选择了委屈自己。我一度想通过获得关爱来证明自己，也一直认为不努力便无法被爱。

不仅仅是老二，那些成长过程中未获得足够关爱的孩子，也无法相信自己存在本身便值得被爱这一事实。因此但凡对方有一点示好，便立刻陷进爱情中去。因为几乎从未感受过自己是个特别的存在，很容易被甜言蜜语所欺骗，受制于人。正因为未能意识到自己值得拥有幸福和关爱，便对不幸习以为常，也不会想从中逃离。"他真的爱我吗？"内心充满了怀疑而又执着于这个问题，试图考验对方。习惯于看别人脸色，就算两人间的关系出现了问题，因顾及对方而无法轻易做决定，活脱脱就像是个悲情剧里的女主角。

这些女孩就像从前的我，在专栏里我结合自己成功摆脱上述种种困扰的经验给她们提出了建议。

第一，不要自我怜悯。越是怜悯自己，身边就会有越来越多的人看轻自己。不要再说"我的人生本来就很可悲"之类的话。

第二，从日常生活中的小事开始学会拒绝。拒绝要用到"肌肉"，这也需要练习。刚开始你会感到困难，不过从小事开始尝试拒绝的话，将会变得越来越简单。你会发现和自己预期不同的是，拒绝之后并不会发生什么。特别值得一提的是，真心喜欢你的男人并不会因为你的拒绝就离开。

第三，坚信自己值得被爱。自尊感低的话，即使一段感情走到了尽头，还会因担心"除了他还有谁会爱我？"而与对方纠缠不清。在日常生活中积累起点滴的成就感，多交些真诚待人的朋友，这样可以帮助你摆脱人际关系中的被动窘境。

非常重要的一点就是，不要因为没能看到立竿见影的效果而放弃。只要一步步地坚持去尝试，某个瞬间你会发现自己的改变。

人际关系如同跷跷板

我很擅长辨别周围的"好人"。因为他们经常把"没关系""我无所谓"之类的话挂在嘴边。他们倾听我的意见，当被问到他们自己的想法时，多数会回答"好的"，态度谦卑得甚至让人感到有心理负担。他们还有一个共同点便是不说"不可以""我做不到"，比起拒绝，他们情愿选择干脆断了联系，销声匿迹。

我之所以这么了解，是因为我在 20 岁出头时也跟大多数的韩国女生一样，是个典型的"乖女生"。乖孩子情结大多与自尊问题相关，因为坚信只有乖巧（善良）才能被爱，无法轻易对别人说"不"，看别人脸色时间久了便会变得畏畏缩缩，结果只会重复一句话"您看着办"。

那时的我不停地重复着"没关系"，为了照顾别人的想法而完全忽视了自己。在恋爱时尤其如此。如果我把这些想法告诉当时的男朋友的话，他们也许会觉得很荒唐："我不知道你会讨厌啊，你当时怎么不说呢?"是的,实际上他们并未强迫过我。将自己定位为乖巧善良之人,最大的问题便会因此而产生。彼时作为乖乖女的我内心认为人际关系总出现问题的原因在于对方——我已经做出了让步,你却那么自私。

这种"我做出了牺牲"的想法会引发补偿心理。为了一件表面上看起来微不足道的小事起争执,最后却愈吵愈烈,这是因为"乖巧善良之人"的内心压抑久了,积攒了太多的委屈,自尊感降低,受害意识增强,结果就变得动辄怒吼:"你怎么可以这样对我!"

回首往事,我发现很多时候自己期待值过高,后来又倍感失落。我花了很长时间才意识到其实自身也有问题。自己对主导一段关系感到有负担,便将主动权全都推给对方,结果又因为不满意关系的走向而感到失落。其实对方也会有负担感。

我开始正视这些问题后,便慢慢从小事开始拒绝别人。渐渐地,我可以说出之前说不出口的话,对于不喜欢的也能够表达自己的厌恶。我原本以为说"不"的话身边的人都会离我而去,未曾想人际关系反而变得更好了。那些觉得我好欺负、利用我的人离我而去,身边平等互助的朋友越来越多。

人际关系就像跷跷板和拳击训练,体格相差太大的话便无法进行。一方也许可以放水几次故意认输，但放水的一方和被体谅的一方很快就会感到疲惫不堪。我想对那些和曾经的我一样乖巧善良的人说：如果一个人将"乖巧善良"作为维持人际关系的条件，那么于他而言，这段关系无法持续也不可能健康；如果一段关系必须要一方"乖巧善良"才能维持下去，那这种关系其实不要也罢；健康的人际关系就像玩跷跷板一样，顾及对方，彼此影响才能持续下去。

你无须乖巧

"小狗们觉得生病就会被抛弃，因此在主人面前，它们把自己的病痛隐藏起来。"

在 EBS1 电视台《世上没有坏狗狗》的一期节目中，狗主人向节目组求助称家中宠物狗害怕地板不肯走路，驯犬师姜亨旭（音译）仔细观察了小狗的走路姿势后指出小狗的后腿好像有问题，但狗主人却不以为然："五年前就这样了，它本来就有瘸腿走路的习惯。"

但按照驯犬师所说到医院仔细检查后发现，小狗的膝盖骨脱臼了，情况严重，必须接受手术。因为疼痛，小狗害怕走光滑易摔的地板，而主人却一直以为小狗只是讨厌走路。

"哎哟，还挺乖!"小狗常常等待着主人的夸奖。站在人的立场上来说，乖狗狗应该是这样的：在指定地方排便，喂什么吃什么，绝不咬人，主人不在也不会把家里弄得一团糟只是安静地等待。只有这样才能听到别人夸它乖巧，获得零食。

人也是一样。"乖孩子"听父母的话是最基本的。乖乖吃饭，不和朋友兄弟姐妹打闹，懂得谦让，不哭不闹。这时孩子会被称赞说乖巧温顺，不让父母操心。

每个人小时候都完全依恋父母，想做个乖孩子，得到关爱和认可。问题是在长大成人后有时也会被这种心理支配。孩子在成长过程中会给父母带来欢乐，也会带来失望。这很正常，因为父母总会抱有过高的期望，与孩子的想法在某些地方总有些不同。一个人作为独立的个体，在成长的过程中同父母相抗争是必须的。但是在这个过程中，若是受到了过分压制，无法倾听内心深处声音的话，成人后便会执着于为了听别人夸自己乖巧而听命于人。

人在一生中有无数次的选择，不管是以何种方式面对，终会在这个过程中成长。学习对自己所做的选择负责，渐渐地便长大了，但所谓的"乖巧之人"会因看别人的眼色而忘记自己想要的是什么。

一味乖巧的人由于不习惯自己去把握人生的选择权，即便是与自己息息相关的问题，他们也会以一个旁观者的态度来面对。在对未来的规划、就业、结婚等方面需要做出重大决定的时刻亦是如此。因为选择不是完全由自己做出的，一旦出现问题，他们很快就会放弃，且惯于推卸责任。生活中的他们不是主人公，而是一个旁观者。

如果你执着于想听到别人夸你乖巧，那么我劝你要养成一个习惯——思考自己真正想要的是什么。如果你周边有这样的人，希望你能告诉他："不用每次都做出让步，把自己的想法大大方方讲出来也不会惹人厌。"如果想要进行这种训练的话，要试着努力让胆子变得大一点，可以尝试这样想："惹人厌又如何？我又不可能让所有人都喜欢我。"不要为了变得乖巧而去费尽心思。

请勿打压

J. D. 万斯（J. D. Vance）曾在美国"铁锈地带"的老旧工业区生活，后毕业于美国耶鲁大学法学院，如今在硅谷工作的他就是"山沟里飞出的金凤凰"。生活在贫困地区的 J. D. 万斯在吃药成瘾的妈妈和放弃抚养权的爸爸之间辗转长大，他在整个成长过程中一直备受贫穷、家庭暴力、忧郁及无力感的折磨。在他的著作《乡下人的悲歌：一本关于家庭与文化危机的回忆录》中，详细描绘了那个他曾经生活过的，对未来不抱希望、孤立无援的人们的世界。

万斯曾说过："比起物质上的贫困，更令人痛苦的是精神上的贫瘠：安全感和归属感依托之物的缺失、目标意识的缺乏。"他称自己之所以能从"文化隔绝"和"社会资本匮乏"的现实中脱离出来，得益于自己内心意识到了"我自己的决定很重要"。万斯在书中这样写道：

> "一直以来我把努力不够误认为是能力不足而贬低自我，认清这一事实非常重要。这就是为何在有人问我最想在哪些方面对白人劳动阶层进行改变时，我都会回答：觉得自我决定并不重要的内心。"

万斯说自己曾经软弱无力的原因在于"宗教般的冷笑已经蔓延开来"。我读到这里，便想起"精力吸血鬼"一词。精力吸血鬼是指利用对方的善意来满足自身利益的人，或通过身体、精神、心理手段来使你泄气、易怒的存在。最近有个流行语与之类似——"打压"。该词由"无底线地压价"之意派生而来，指为了在关系中占据优势而试图贬低对方的行为。

高高在上的暴力型父母会反复给子女一种暗示"没有我，你什么都不是"，进而使子女依赖自己。这种现象在恋爱中也很常见，跟对方多次重复"也就只有我才和你交往""你这个人没什么价值"之类的话，来施加心理暗示。在心理学上有个术语叫"煤气灯效应"（gaslight effect），源于一则小故事：丈夫故意把家里的煤气灯弄得很暗，当妻子问"家里怎么这么暗？"时，他便斥责说"是你太敏感了，看错了"，从而使妻子怀疑自己的判断。

诸如此类的打压或者煤气灯效应会诱使受害者不自信、怀疑自己，从而对加害者产生依赖。这显然是一种情感虐待，加害者通过这样的控制，让对方离不开自己，而这会给受害者的正常社交带来障碍，令受害者难以适应社会生活。

心理分析学家罗宾·斯特恩（Robin Stern）博士表示煤气灯效应的受害者大致会有以下的表现：第一，道歉的频率过于频繁，将所有的责任和义务揽到自己身上；第二，难以自行做出判断和决定，由于对自身缺乏信任，一味等待别人的决定；第三，经常自责，认为自己过于敏感，状态变差；第四，性格自闭，总是对朋友、家人隐瞒搭档、伴侣的行为或为其辩解，惯于撒谎或不袒露内心想法。

你是否经常被家人或恋人、上司不公平对待？对方是否对你过于苛责，是否经常对你说一些悲观厌世之辞？如果在同别人讲述跟他在一起的时光时，觉得越来越难以启齿，如果觉得每当跟他在一起就如同陷入深渊的话，请你马上离开他。他正企图把你变得脆弱不堪，进而操纵你。如果你觉得难以马上离开，请先从尽量保持距离入手。注意不要将他的话视为事实，比起对方的话，你要相信自己的直觉和感情。问问自己，遇到他之前的自己和现在的自己有何不同？在他身边，自己是变得不好了呢，还是变得更好了？

每个人都在舐伤前行

《生命计划：什么造就了人生差异》（*The Life Project*）一书中公布了有关成功人士和普通人之间差异的研究结果。研究者皮林（Peeling）设定了一个"命中注定会失败的"孩子的标准：第一，在单亲或兄弟姐妹超过 5 人的家庭中长大；第二，家庭收入低，享受学校提供的免费餐食等福利；第三，居住的房间没有热水或需 1.5 人以上共用一个房间。反之"注定会成功的孩子"有以下特点：第一，父母关注子女教育，对于未来有规划、有抱负；第二，居住地就业机会多。与之相对应的是，没什么成就的人大多生活在产业衰退、就业困难的地区。

当时参与研究的孩子中，有 386 名孩子生活在上述的艰苦环境中。皮林追踪他们的生活发现，其中有 303 个孩子未能接受正规教育，收入低下或压根没工作。

我出生于一个看不到希望的城市中的贫困家庭。我所在的大邱市连续 22 年地区人均生产总值排位垫底，青年失业率经常位居全国前三。父母忙于生计，无暇顾及我。从小学我就开始做兼职送报纸、发传单。为什么穷人周围也都是未能接受教育、处境相似的人呢？妈妈、爸爸、姨妈、姨夫、姑妈……近亲中没有一个大学毕业的，他们甚至想都没想过可以通过教育来提升社会阶层。他们虽觉得孩子应该比自己生活得更好，但却不知道该怎么做。小时候的我从大人那里听到最多的就是"人要知道自己有几斤几两"，意思就是让你要先学会放弃。

我想证明：即使贫穷也能拥有自己想要的东西。我想写作，逃也似的来到了首尔，找到了工作，度过了近十年的职场生涯。工作初期，我觉得自己的文化层次比别人差了一大截，便经常会学一些东西。当时没有自己的喜好，消费时也只考虑性价比。学摄影、学画画、学话剧，遇见了新面孔，经历了新鲜事，有了稳定的收入，想见谁也可以自己先邀约。就这样，我慢慢积累起了一些文学方面的资本，也有了一些所谓的"人脉"，可以提供帮助，也能在需要的时候得到帮助。我谈起了恋爱，并从中获得了大量的爱，这在很大程度上治愈了曾经"缺爱"的我。记忆中的小成就越来越多，自尊感也变得越来越强。

现在的我觉得自己从家乡逃到了这里，但此时身上依旧会笼罩着一种不安全感。我经常做噩梦，每当想起过去脆弱无力的自己，心情就难以平复。不久前，我跟妈妈提起打算在首尔买房，妈妈却说："首尔房价太贵，你再怎么努力也买不起。"父母的说法和当初我说想去上大学、想去首尔时的说法如出一辙。他们未曾经历过，未曾体验过把自己想要的东西变为现实的感觉。正因如此，如果他们的人生中出现了想要的东西，他们不会说努力去争取，反而会为了避免"受伤"而让你放弃。

受了伤的人、未能得到爱的人，虽然表面看起来若无其事，但其实都有自己的故事，独自舔舐伤口，踽踽前行。伤口乍一看仿佛已愈合，但伤痛仍会在不经意间袭来。就这一点而言，也许我们遇到的很多人都是在自己的心灵地狱中坚持下来的幸存者。他们害怕回到过去，但在这里也永远是一个漂泊的异乡人。

我们虽然羡慕所谓的"山沟里飞出的金凤凰"，但世人对"山沟"却一无所知。因为无知所以恐惧，试图将其包装美化，但生活若缺少了细节便什么都不是。我们能做的就是不要把"山沟"视为一个特殊对象，而要努力正视它本身。当我偶尔遇见一些看起来有些伤感的人时，我便会好奇：他是从哪个山沟里飞出来的呢？也常常会有一种冲动，想去问问："你也会经常做噩梦吗？"

包再贵也换不来幸福

从地方大学毕业的那年，我进入了首尔光化门的一家杂志社工作。那时的我对汉江充满了新鲜感，对路上熙熙攘攘的人群也感到新奇。之前我不理解为何紫雨林乐队要在歌中唱道：生活无聊时"大家在新道林站表演脱衣舞"，直到我去了一次新道林站之后才恍然大悟。在这里跳脱衣舞的话，需要有"钢铁般的意志"，能做到这一点的人任何事情都能做好。我知道了为何"地铁"被称为"地狱列车"；知道了在首尔鼻屎会变多；也知道了首尔男人独特的柔腔并非出于喜欢，尽管那句柔和的"做了吗"曾让我怀疑自己迎来了桃花运。

我适应着首尔的生活，逐渐发现有一点很奇怪，即"首尔货"在外观上给人的感觉不一样，自然中流露着些许酷酷的感觉。这种干练的风格让我不由得有些畏缩。那时的我买衣服时很少考虑自己到底适合什么样的，也没有喜欢的风格，但总感觉首尔的东西件件洋溢着时尚感。秘诀在于何处呢？我思考着，慢慢聚焦，最后得出的答案就是"名牌包"。我得出一个结论：即使衣着简单自然，但若配上一款"吸睛"的包，整个人就会看起来时尚新潮。对！名牌！我要买名牌包！

当时我一个月的工资税后大概到手160万韩元，

房租、交通费、餐费……在首尔连呼吸都要花钱。我想买名牌包，但同时这种想法又折磨着自己，不幸也随之而来。我难以承认自己的庸俗，就像清贫乐道的苦行僧一样，每当我有想买名牌包的想法时，都会鄙视自己。事情不顺利时，没有什么办法比鄙视自己更简单。

奇怪的是，我越是想抑制、越是憎恨买名牌包的内心欲望，脑子里却越是对名牌包念念不忘。都说爱情是"陷进去"的，赌博是"成瘾的"，如果盲目地被某物吸引的状态可以用"疯狂"来形容的话，那时的我必定是"疯狂"的。每天上下班坐地铁时我都会搜索名牌包，经常坐在咖啡店里观察着过往行人的包，猜测包的品牌。每当夜幕降临，我又会自责"原来自己也只是个不过如此的拜金女"，厌恶自己、折磨自己。这种状态持续了整整一年，我感到厌倦、疲惫不堪。最终我花了 10 万韩元买了一款商场导购所说的"A 级高仿"香奈儿包。

但我对名牌包的执着并没有消退，反而变得更加强烈，近乎扭曲。总是觉得人们都在盯着我的包看，那颗惴惴不安的心也如同那款高仿包一样，表面上看起来若无其事。背着香奈儿的包在地铁里被挤来挤去时的羞愧感，"哼，那个人的包估计也是假货"的心态让我感觉糟糕透顶。没过几个月，我花了自己一个月的工资入手了一款名牌包。

高价购入的名牌包高级是高级，但也仅此而已。买之前我觉得只要买了这个包，人生就会改变，但这并未发生。一个月，两个月，三个月过去了，我渐渐开始理解自己那段时间不理智的行为——我买的并不是名牌包，而是进入"首尔干练职场女性世界"的入场券。但这只是一种无法触摸的印象而已，无论怎么买包，幸福也不会随之而来。

彼时的我只是想用消费这种最简单的方法来填补我的孤独、缺爱以及低自尊。因为我觉得如果连这只包都无法拥有的话，我真的会越来越渺小，会消失在首尔这座城市里。每当拎起沉甸甸的牛皮包时，我都会想：要先抚慰自己那点用一只包获得别人认可的小心思。

最近如果天气不好的话，我依旧会有一种想买点什么的冲动。因为虽然在日常生活中要忍辱负重，但在购物的世界里，作为消费者可以享受到足够的关心和尊重。此时仅仅是意识到这种状态也会让我受益匪浅。在掏出银行卡之前，先安抚一下自己："你最近太辛苦了！"

自我养成之法

我在韩国 daum 网站看了一部题为《自我养成之法》的网络漫画。看着看着，便对作者金正渊产生了一种熟悉亲切之感，仿佛与她相识已久。如果读者是一个从外地来到首尔打拼的二三十岁女性，会对作者所描绘的日常生活产生许多共鸣。《自我养成之法》描绘了从安东来到首尔青坡洞生活的 20 多岁女性"李时多"的日常。时多在一家室内装饰公司工作，在箱子里养了一只仓鼠，漫画中也经常会把她的居住环境与仓鼠进行比较。

李时多的名字取自韩语表示尊敬的句型语法，二者发音一致。她取这个名字原本是想成为受尊敬之人，但生活中的李时多却近乎一个社会底层的助手，更像是"事多"。时多这个名字的寓意和实际情况截然不同，作者在漫画中描绘出了理想和现实间的差距所产生的孤独凄凉感。

在装饰公司工作的时多对空间有着浓厚兴趣，知识储备丰富，但实际上她能选择的喜好极其有限。就好比喜欢的是高端精品店，但现实是只能选择普通街边店，她能选择的只有那些像便利贴一样不会留下自己生活痕迹的东西。买东西唯一要看的是性价比，在这种"临时"生活的环境下，她自己在住处连颗钉子都无法随心所欲地钉。

我不想在街边店里淘着还算不是太差的东西，不想先看价格再看设计和材质，不想在网上按"价格升序"检索，我想拥有真正想要的东西。因为没钱，只能穿着、拎着、用着不喜欢的东西。这些是我挑的，却并非我的选择。但人们在看到了我的装扮后，会好似了解了我的喜好般说："这个是不是有点土？"

我在阅读时尚杂志时，经常会看到一些评论标榜自己眼光高，把读者喜好视为笑料进行揶揄批评。我虽明知这是杂志的惯常手法，但依旧会被这种评论深深地刺痛。不过，这种批评是否妥当？虽然这诸多的喜好看似是我们自己的选择，但其实不仅仅是妥协的结果吗？眼光指的是，在资本充裕和时间充足时，可以从容面对失败时才会有的东西。我很想在那种文章开头就辩驳说："我选择那些过时的东西并不是因为不懂美好事物的美！"

每当我看到《自我养成之法》中的时多拿自己和仓鼠进行比较时，我都会不由自主地哽咽。在这个时薪低廉、物价房价疯涨的国家，在这个连结婚生子都被怂恿放弃的国家，保障年轻人选择更好的生活似乎遥不可及。在阶层上升的通道被堵死后，所谓的"你现在的眼光真不怎么样，还有更好的选择"纯粹就是欺骗！

我想起了曾经的我以及无数像我一样的"时多"们，脑中浮现出了连咳嗽声都听得一清二楚的狭小拥挤的考试院①和在那里遇见的"时多"们。其实我们奢求的并不多，仅仅是不想习惯于还未开始便放弃，不想停止追求美好未来的脚步而已。

你无须回答每一个问题

曾经有一段时间，我经常问自己"我是谁""我想干什么""我怎么长这样"之类的问题。这是因为有太多的事情需要做出选择，要想改变现在的生活就要不断向自己提出问题。人们普遍认为做某件事情需要有把握，但实际上所有的行动都始于提问，要先问自己："这件事为何要这样做呢？""这条路对吗？"

---

① 考试院是韩国的一种群租单间，房间面积普遍狭小不堪，卫生间和厨房多为公用，仅能满足一个人的基本生活需求。原本多用于考生应考准备及寄宿，现除了应考生，还有大量的大学生、单身上班族等人群居住。——译者注

随着年龄的增长，比起自问，听到的问题越来越多是由别人提出的。长辈们常说"要千锤百炼才能成人"，但当他们真正看到我在历练中摇摆不定时又会感到郁闷。在这个过程中，越是成功的记忆越是被夸大美化，人们却大都忽略了偶然事件被粉饰为必然这一事实。越是忘记了这一点的人越会对别人说："你连这个都做不好吗？"

自我提问时，可以把所有的烦恼一件件摆出来，慢慢地细细思考。但在回答别人的提问时却是言简意赅的自我辩论，答案必须明确一致，且须是别人听到时就能够马上认同的。这种情况下，生活的细节便会缺失。举个例子，我接受了天主教的洗礼，家里放着圣母玛利亚像，但是我喜欢读佛教书籍，也经常去寺庙里拜佛。但是当别人问我"你信哪个教"的时候，我不能回答说"我信天主教，但是我也喜欢佛教"。

"人不用回答所有的问题。你知道要回答所有问题的话会怎么样吗？会迷失自己。"

这段话背后的那种疲惫感深深触动了我，这几句台词出现在益田美里的作品《我真正想要的是什么》中，在该作品里还有一句这样的回答：

"我不知道我想成为什么，但是我不想成为任何人。"

益田在她的另一部题为《不结婚也可以吗?》的作品里，将 35 岁的未婚女性小秀和婚后辞职了的麻衣子做了比较。小秀对自己的未婚生活感到比较满意，但她也会羡慕偶尔见面的麻衣子，担心自己的老年生活。已婚怀孕的麻衣子对自己的婚姻生活并没有什么特别的不满意，但她同时对因孩子到来将发生巨变的未来感到恐惧，她觉得未婚的小秀生活舒心惬意。各自立场不同，观点对立，我们一生中所有的人际关系均是如此。

在益田《就是讨厌他》的作品里，主人公小秀经常会因为讨厌某个职员而选择离职。不去改变那个职员，小秀也无须彻底改变自己想法的这一处理方式与各励志书籍里大谈特谈的进取精神有着很大的距离。但是益田美里却认为这并非失败，不过是一种选择而已。在作者随后的作品《小秀的恋爱》中小秀和上司的对话也反映了这样的世界观。

"我喜欢淑子老师的做事方式。"

"但我几乎是半逃似的离开了之前的工作岗位。"

"这种事情现在都无所谓，只要想着自己这样做是对的就行了。不是'逃'，是'辞职'，仅此而已。"

作者在多部作品中反复强调：经过长期深思熟虑后所做的选择，即使没什么了不起，也不要自我否定；不要轻视以同样方式做出选择的他人的人生。作者在随笔《某一天突然长大了》中曾提到，她对自己的性格中最满意的一点就是"不会因某件事的失败而全盘否定自己"。这种坦然的自我肯定，对那些不停自问苦苦追寻答案的人而言，不正是一份顿悟之礼吗？

为了能成为一个不那么差劲的成年人，试着把问题从"你想要的是什么"换成"我真正想要的是什么"。如此一来，说不定哪天你就可以发现不一样的自己。因为我们停止自问，过度关心别人，也是由于我们对自己的未来不再好奇。实际上"你还好吗"更多的应该是问自己而不是问别人。

与低自尊恋人相处的倦怠期

在写恋爱咨询专栏时，我接触到了很多有趣的小故事。分手有无数理由，但20多岁时随着彼此情况的变化，频繁争吵而分手的情况尤其多。读大学时双方情况类似，彼此相恋，但随着一方退伍，一方成为待业人员，或一方就业，一方要准备公务员考试等变化，争吵貌似也变得频繁。

男大学生 K 的情况也是如此，他给我写了一封很长的电子邮件进行恋爱咨询。退伍之后的他觉得自己应该努力加强社会实践，也要更积极地参与学校活动，整日忙碌充实。但是一年多都在准备就业的女朋友却不想迈出出租屋踏进社会，甚至因为懒还变胖了。对此他觉得非常寒心，也因此觉得到了倦怠期，苦恼自己是否应该先提出分手。

我见过很多像 K 女友这样的人。一个人待业时自尊感更容易降低，比这更甚的情况似乎并不多见。如果此时周围爱她的人能给她一个拥抱，她就更容易从孤独感中逃离出来，而这其实并非易事。我对 K 做了如下回复：

K 先生貌似您已经下决心要分手，您向我提问的意图和语调表明或许您想从我这里听到分手这个回答。其实大部分的烦恼咨询都是如此：大家心里早已有了答案，只是想通过他人之口来确定这一点。您想从我这里听到分手这句话，貌似是想以此将决定权交给别人来减轻自己的负罪感。您说现在好像是到了"倦怠期",其实我不太喜欢这种说法。因为这句话让人觉得,对于想结束关系的人而言这是一件可以轻易使用的武器。所有的关系都会随着时间的流逝而变化,尤其是恋人关系,会从最初的热烈变得平淡、熟悉。坦然接受这种变化,不断寻找变化之处,努力维持并不断发展这段关系的人并不会使用"倦怠期"一词。

难道您在恋爱初期不知道女朋友懒的事实吗?那时您应该会觉得就算女朋友懒也还有其他优点,那是什么变了呢?两个人每天在出租屋里相处,为什么到现在就出了问题呢?人们其实只能根据现实情况去思考和行动。让我们来看一下彼此有哪些情况发生了变化:K先生您是一位复学的学生,现在正是斗志昂扬想要认真生活的时候;女朋友则由于长期准备就业貌似有点抑郁。这种情况下,您如果斥责自己的女朋友要求她做出改变,情况会不会变得更糟?

我觉得首先您要先问一下自己是否依旧爱女友。如果结论是不爱了,那就请直接分手,不要以女友为借口。如果结论是还爱,那就应该以异于现在的方式和女友共同努力前行。

在这里有一点很重要:只让对方做出改变是不行的。

人的自尊感不是说说就能提升的，在现实中得到了客观认可或感受到成就感时才会提高。请您做出一些努力，您可以试着和女友约好时间一起去运动，一起做一些简单的社会实践，一起报名参加语言培训等。在做出这些努力的同时，请您对女友说因为未来也想执子之手，希望能与对方共同前行，让她感受到爱意。如果女友仍未做出改变的话，那时就请您明确表示自己的立场：也许我们应该重新考虑一下彼此的关系。

记忆校正之陷阱

现在我们用手机自拍时基本都会用软件修图。不断地拍照、修图过后，相册里留下的基本都是自己想在记忆中留下的样子。内心只想留下自己愿意相信的，每个人的记忆或许也是被这样修改删除过的吧。

在人生中的重要节点，拍照留念时，一般会拍几十张照片，然后从中选出一张拍得最好的，再加上滤镜、美颜、拉长等效果。如此一来，虽然是我的样子，但是保存下来的照片却又好像不是我。如果一直看这样拍出来的照片，就会相信照片里的是自己真正的模样。再看别人给自己拍的照片时，便会大吃一惊，觉得照片拍得不好，甚至会生气。

记忆正如修图后的照片，与其本身相比，更多的是布满了修改和自爱的痕迹。因此在回忆人生时，比起"给对方造成伤害"，"自己受到伤害"的记忆似乎更多。

每当在网上看到"丑态""权势霸凌"等新闻和评论时，我都会想：遭遇"权势霸凌"的人数不胜数，但为何记忆中权势霸凌的人却少之又少呢？我应该也有过这样的经历，但估计正因为想忘记才忘记的吧，所谓的记忆修正便是如此危险。

第 2 章

不那么好说话　世界才会更美好

不快乐的人会更加关注别人

大学毕业后，我独自一人来到首尔生活。当时身上仅揣了 50 万韩元，单凭一腔热血毫无准备地来到了首尔。对"从乡下来的"人而言，首尔是个并不友好的城市。人们会问："您说方言啊？！"现在的我会直接回答"是的"，但对于当时怯懦的我而言，这句话传到耳朵里的意思便是："又土又奇怪！"

以前住在考试院时，我用吹风机吹头发，隔壁房间的女人便来敲门说："嘘！别用吹风机。"住得要像没人住一样——这便是考试院的生活准则。我自言自语的日子变多了，有时候说话一唱一和，就像和某人通话一样，走路时也会自言自语说着当天发生的各种事。极度的孤独使我幻想出了虚拟的朋友。

抑郁症的症状多种多样。有的人会无欲无求想从世界上消失，有的人会对着堆积如山的食物狼吞虎咽。抑郁症也会表现为对他人的敌对情绪，患者会把对自己的不满转变为对他人及世界的怒意，曲解别人动机的倾向越来越强，针对某人的愤怒日益增加。在受害意识的驱使下，对他人的行为言语进行消极解释，人际关系也因此受阻。随着这种状态的持续，甚至会对别人的悲伤做不到感同身受。如果有人喊累，就会怒从心生："只有你痛苦吗？我也痛苦！""因为这个就喊累？"这些证据都表明，自己处境艰难、自顾不暇，内心就无法去深入了解别人的状态。

平日里应好好观察这种心理上的"感冒"，一旦发现有出现问题的苗头，就要暂时休整后前行。最近我就像测量体重一样，定期观察自己的心理状态。状态不好时，表现出来的症状就是频繁发脾气，过分夸大一些不值一提的小事。如果出现这种症状，我就会减少工作量，最大限度地减少与他人之间的交流。我们尤其需要正视人际关系带来的压力。仅仅是那些无形的人际关系，在我们周围就有着太多。SNS（社交网络）成为人们的日常，无时无刻不在与人交流更是令现代人备感挫折。看着朋友们在脸书和朋友圈里分享的近况而心生妒忌，时不时响起的来信提示音及聊天室牵动着你的神经，在这些日常的频繁刺激下，极易引发心理疾病。

自己的人生就像一部由长镜头拍摄的无剪辑影片，冗长乏味。相反别人的人生却是剪辑精修过的预告片，因此看起来绚烂无比。如果理解不了这一点，你便会觉得这个世界上好像只有自己一个人活得很累。最终内心被受害意识和自我怜悯所充斥，便会伤害他人，变得自私自利。这种不幸之人，即便成为强势的一方也不会自知。因为无法得到承认，他便经常会大吼："知道我是谁吗？！"这样的情况下，在人际关系中理解对方感情、处理人际关系的通道便断了。幸福的人不会为了让别人理解自己而欺负他人，因为内心充盈，便无须渴求别人的认同。

一无是处又如何

刚入大学时，热心于开展社会运动的"运动圈"前辈们时不时会问我："你活着是为了什么？""最近你关注什么？"对此，我无法作答。即便回答了，应该也会毫无意义。提出问题的人并非为了得到答案，他只是为了修改错误答案。当时的我感到很惭愧，下定决心在日后的生活中一定要好好思考一番。但不知从何时起，这种提问让我觉得不舒服。

因为我在专门针对大学生的传媒行业工作，所以会遇到很多大学生。有时候，有些大学生会一脸认真地问："我为什么要活着？""非要活着的理由是什么？"临近毕业，他们的问题会更尖锐，他们说如果身边人找到了工作的话，自己做不到真诚祝福，还会追问为什么活着。看到他们敞开心扉，自嘲是"就业反社会人格（就业和反社会人格的简称）"，我心里很不是滋味。

大学生们提出这样的问题，也许是因为总是被人们问到"有什么用"而身心俱疲。投简历的时候，面对"您为何应聘我公司""您的优点和缺点是什么""您人生中最重要的经历是什么"之类的问题需要不停地编造答案。投了几十份之后，自己在某一瞬间会感到困惑。毫不起眼的经历被我们粉饰成巨大的契机，在这个过程中，我们会羡慕那些看起来了不起的人，同时觉得自己一无是处。

如果某一存在总是要对其存在的必要性进行说明的话，那便是因为提问者已经做出了其没有价值的结论。当韩国文化部前部长柳仁村向韩国艺术综合大学的学生提问"为什么需要叙事创作系"时，当面试官向应聘者提出"请在一分钟时间内说明我们为什么要录用您"时，需要回答这些问题的人，若得到认可则会被录用，但这种可能性几乎为零，他们是典型的乙方。如今的我，对这类提问者意图明确的问题不会坦率作答。

就像总统不需要名片一样，越是领先突出的上层人士，越没有必要说明自己。层次越高，甚至越发显得没什么用。喜欢钓鱼的人常说，钓鱼无用这一特点最大限度地体现了兴趣的意义。对某些人来说，钓鱼似乎是在浪费时间和金钱，但对于某些人来说，正是因为这一点，钓鱼才颇具意义。就像教育部在艺术学院评估中加入就业率指标，认定其需整改时，艺术学院的学生只能说："这是艺术呀！"当被问到为什么要活着时，我们是不是也可以这样回答："没别的，就是因为被生下来了。"

仔细想想，我活着好像一直都在证明我是有用的。从小时候起我就经常听到："干吗搞这些没用的？"那时候我应该说服父母我"虽是女生"，但并不比男生差。初高中时期在我读书时，老师会训斥说："有这时间就应该多解几道题，你这是在干吗？"上大学时，我学习社会学，经常会被问到"毕业以后如何就业"这个问题。现在的我准备好了，想要霸气回答"什么都不做又怎样？""一无是处又怎样？"，人们却不再问了。

我们家四代单传，正像妈妈在生下弟弟后说的"只要健康长大就行"一样，生活不需要冠冕堂皇的理由。因此希望大家不要看别人脸色，要为自己的幸福而活。

你无法改变他

　　曾在警察大学任教的犯罪心理分析专家表苍园被一位市民问过这样的问题："如果周围有人是反社会人格或精神变态的话，需要避开吗？能不能好好劝说改变他呢？"他如是回答："快逃！现在！立刻！"他还严肃地补充道："你绝对治愈不了他，快点逃走。他是不是精神变态，需要专家进行长时间观察和调查后才能知道，请不要随便相信或轻易做出判断。"

　　虽然反社会人格或精神变态是极端的例子，但我经常听到别人有这样的烦恼："身边的人有这样那样的问题，我该怎样做才能改变他呢？"这类问题有一个共同点，即提出"能改变吗"这个问题时，前提是起初自己相信"（虽然会很难，但）只要努力就能改变"。人们对有问题的人在身边人的帮助下大变样的案例并不陌生。在教育类节目中，那些挑食、注意力不集中、脏话连篇的问题孩子，在专家介入改变了周围环境后就像变了个人。也有不少持续播出的综艺节目，参与节目咨询的主人公在节目最后表示"以后会做出改变"，收获一片掌声，而身边人则在采访中表现出积极肯定的态度。我记得曾看过一档通过整容减肥来改变形象的节目，节目中播出了一段小插曲，即在改头换面之后，主人公的丈夫不再对主人公进行家暴，我对这一戏剧性的转变感到很无语。

我们在媒体上看到的改变，不过是经编辑粉饰过的戏剧性表演罢了。电视、书、演讲中那些"被改变了"的人，他们之后的生活我们无从知晓。即便真的实现了"改变"，也是因为由于其成功概率非常低，所以才值得报道。尽管如此，人们不断地听到或看到这类的故事，便会受到影响，认为"人可以改变人"。

在我看来，平冈公主的故事折磨了太多的普通人，甚至破坏了人际关系和集体文化。人不会因强迫或启蒙而改变。一个人只有自己下定决心要改变，过上不一样的生活，付出极大努力，才能改变自己。缺乏强大的意志力和信念的普通人，即使短期内貌似有所改变，但多数依旧会恢复到之前的状态。如果想要改变的不是戒烟、减肥之类的习惯，而是像暴力、抑郁症、人格障碍之类的核心人格，便更是如此。

用爱和努力来改变有问题的人，这个愿望是美好的，现实生活中也存在。但与此同时我们要明确的一点是，这种愿望实现的可能性极低。不是说要大家放弃改变，而是我们要承认这是件相当困难的事情。社会在整个发展过程中，在持续不断地完善改进法律、福利等体系，这是因为仅凭个人意志并非易事。要想认清现实，在一定程度上要有无计可施、罢手死心的觉悟。如果你眼中只有未来的一片璀璨，觉得事情会按照自己的期望发生改变，你便会脱离现实。

有人在祈祷时如是说："我所能做的请赐我竭尽全力，我所不能做的请赐我勇于放弃，请赐予我区分这二者的智慧。"执着于不能做的事，便会错过能做的事。专业的事就让专家做，我们就做好自己分内的事。因为时间单是用在有意义的事情上都还远远不够。

不明就里请勿轻易指责

"希望这次能碰到不错的司机"，每次打车我都会紧张。父亲也是开了 20 多年车的出租车司机，我很了解这一行的艰辛，但我所受到的压力并不因为我的了解而减少。尽管我努力尝试去最大限度地理解他们，但每次打车时大概率会碰到不太友好的司机，不知不觉我便会紧张起来。本来享受打车服务就是为了方便，结果付钱时心里却感到不舒服。这些不友好的司机当中，有经常提起政治话题打算跟你好好争论一番的，有语气生硬得像发火似的，有横冲直撞野蛮驾驶的，也有对私生活刨根问底的。无论是哪一种，都让人不好应对。

类似的记忆越积越多，我和人们聊起了坐出租车的经历。女性大部分都深表同感，称自己在打车时有过很多不愉快的经历。有趣的是男性的回答，大部分男性都说自己打车时几乎没有什么不愉快的经历，甚至对我的问题还感到好奇："坐出租车能有什么不方便呢？"（太多了，无法一一列举。）"一般不都是上车报完地址后就倒头大睡吗？"（女生独自打车时是不会睡的，尤其是在晚上！）

我的弟弟有一种能力，可以治好有愤怒调节障碍的人。这并不是说他在医学上有什么能力，而是因为他的体型——一米八的大个子，将近一百公斤的体重。再加上他是庆尚道人，说话语气也硬，很多时候他仅仅是出于好奇向别人提个问题，对方便会诚惶诚恐地道歉。买东西还经常能收到退款，尽管他本人并没有那个想法。像弟弟这类人一般会以为世人都是善良的。跟弟弟聊天，有时我会怀疑：我们真的是生活在同一个国度的亲姐弟？

就像跟弟弟聊天会令我产生怀疑一样，人们打车经历的迥异也令我大吃一惊。跟人们聊天后我发现，在打车方面未曾经历过不愉快的人大概有两种反应，一种是嘴上说着"我虽然没经历过，但也可能会这样啊"的倾听型，他们虽然不了解，但正因为不了解而努力去理解。相反另一种人则会说"哎，怎么可能，是不是你太敏感了""应该是碰巧遇到怪人了吧，哪有这种人"，令我哑口无言。

我想起了第一次去国外旅行时的一幕。读大学时我第一次去英国，在那里待了近一个月。无论是坐公交、地铁或走在路上，还是在咖啡馆里喝茶时，我经常会碰到很多残疾人，这一景象令我颇感惊奇。在韩国，平时看不到很多坐轮椅或是拄拐的人。起初我还想：看来英国残疾人挺多的啊，韩国好像没这么多。很久之后我才知道真相：并不是英国的残疾人多，而是韩国的残疾人出行不方便。

最近韩国一大社会热点便是性别问题。与以往女性不同的是，20 世纪 90 年代出生的女性从小接受的教育便是男女平等。从小学时起，我看到女生也可以当班长，但到了 20 多岁，我切身感受到了自己所受教育与现实的差异，这令我不知所措。我意识到过节时总是妈妈独自在厨房忙活,日常生活中经常能遇到性别歧视,周边有不少女性遭受到性骚扰和约会暴力,"江南站洗手间杀人事件"更是令人震惊。这一切都表明:在韩国,女性的生存状况是多么艰难。

问题是当我作为一名女性说出自己体会到的那种真真切切的恐怖感和畏惧感时,对方并不会表示出同情说"我虽不了解,但这种情况可能存在",而是不以为然道"是你太敏感了",或是"不是只有你累,大家都累""我身边没有这样的事"。尽管自己未曾经历过,但这是某人正在经历的事,太多的时候人们总是以不了解为由认为所听到的只是无稽之谈,而得到这种回应的说话人便会选择用更强硬的方式来表达自己的愤怒。

孩子们以为自己看到的世界便是全部,他们无法想象他人的处境,认为自己第一眼所见到的景象本来就是如此。他们不能区分自我与他人,只能以自我为中心来看待世界。他们认为大人一开始就是大人,当他们得知外婆是妈妈的妈妈时会大吃一惊。他们还会冒出一些在大人看来"有悖伦理"的话语。他们会很吃惊地问道:"老师也有爸爸妈妈?"也会天真地问道:"老师和老公(男朋友)一起住吗?"玩捉迷藏的时候,他们以为自己看不见，别人自然也看不到，所以他们不是把自己藏起来，而是捂着眼睛站在原地。

把自己不了解的事情视为不存在的行为就像小孩一样幼稚且狭隘。如果一个人缺乏对人的想象力，则容易怨恨、胁迫他人，遇事先去追究对方的过错。世界上的芸芸众生有着各自不同的立场和错综复杂的利害关系，每个人的感受自然也不相同。很多事情并非必须亲身体验过才能了解，我们虽无法站在他人的立场上去生活，但也可以发挥共情能力，利用我们的想象力努力去理解对方。"想象力也是对他人的爱"这句话正是此意。阅读等艺术活动不也正是为了培养这种高层次的能力吗？

身为女性的我不了解男性在生活中的苦衷，所以每次聊到军队话题时，我只是默默地倾听，然后说一句："原来是这样啊！你肯定很辛苦。"没去过军队的我又能说什么呢？但神奇的是，男人们会因我这一句话而感动。因为不懂，便承认自己不懂；因为不了解，便不轻易指责或无视；告诉对方自己想再听听他那些自己不知道的故事。只有坚持换位思考，我们才可能不再讨厌对方，才能保持对话。虽然这很复杂也很困难，但我仍想努力一下，我希望别人也能够这样待我。

我们虽无法站在他人的立场上去生活，
但也可以发挥共情能力，
利用我们的想象力努力去理解对方。

缺乏共情能力的人会给周边的人带来伤害

出租车上收音机里正播放着前总统朴槿惠的新闻，司机跟我聊道："不知道前总统犯了什么错。"后来又提到世越号①，他说："孩子们虽然很可怜，可是总统也无能为力啊。"听了这话我开始反驳他，面对我的反驳，他回道："这件事也应该放下了，他们的父母不都拿到巨额赔偿了吗？这都相当于中彩票了。"听到这里，我最后问了司机一句话："如果是您的子女，您还会这么想吗？""当然啊，尽管痛苦也得忍着。"还未到达目的地，我便提前下了车。

共情是发挥想象力站在别人的立场上去理解对方想法和感受的一种能力，它是人类与生俱来的一种宝贵能力。有研究结果显示，无法感受他人情感的精神病患者仅占全人类的 2%，其余的人基本都拥有共情能力，并以此来维系社会关系。但你不觉得奇怪吗？我们实际感受到的这一数值并不止 2%。我怀疑是不是这个以"酷"为美的社会造就了大批后天缺乏共情能力的人。

---

① 世越号为一艘韩国客轮，2014 年 4 月 16 日因发生事故沉没，造成 304 人遇难，9 人失踪。遇难的乘客多数为高中生。——编者注

　　我私底下不会跟缺乏共情能力的人来往。因为我知道他们会令周边的人感到痛苦。他们总是在不经意间给别人造成伤害。尽管他们并无恶意，但结果总是会造成伤害。因为他们在做出决定时不会想到别人是和自己一样拥有独立人格的人。同时他们也很擅长在出现问题时推卸责任。跟缺乏共情能力的人相处久了的话，往往会出现之前未曾有过的情绪不安、自尊心急剧下降等问题。

　　最为不幸的便是遇到缺乏共情能力的父母、上司或是社会高层。由于缺乏共情能力的人无法理解自己的行为给他人造成的影响，他们为达目的可以肆无忌惮地牺牲别人。他们冷静而有原则，看似是理想人选，但对他们而言，他人的存在不过是一个数字或工具而已。当我们碰到了缺乏共情能力的上级或长辈，即便情感上忍受着巨大的折磨，也很难依靠自己得到解脱。

　　由于领导人缺乏共情能力，韩国社会付出了极大的代价。许多心理学家指出前总统朴槿惠的人生经历是闭塞的，她所处的环境不可避免地会使她产生心理阴影。她从 10 岁到 27 岁的 18 年间一直居住在青瓦台，青瓦台可谓就是她的家。她在 22 岁时母亲去世，27 岁时父亲去世。2012 年身为总统候选人，她参加了

SBS 电视台的《治愈野营》，在谈及自己人生经历的苦难之后，她曾表示："我现在看一些悲情剧，觉得那些根本算不上悲情剧。"

人在受到极大打击时，会下意识地开启自身防御机制，歪曲事实，进而来保护自己。在世越号周年祭当日，她叫来美容师盘好头，在记者招待会上表情未有一丝变化，流着泪反问记者："世越号惨案是去年还是前年？"成长过程中的心理阴影造成了她共情能力的缺乏，而这些行为的出现正是因为这一点。这些共情能力弱的人，在社会生活中应对其行为进行适当限制。一个个人幸福至上的社会，不会选拔缺乏共情能力的人担任领导人。

日常生活中与他人相处时，我们也要仔细分辨言论自由和因共情能力不足而引发的暴力。经常有明星在采访或是自己的歌词中公开描述自己儿时孤立别人和偷盗自己所需之物的经历。每每看到他们将其描绘成少不更事的"英雄事迹"，我都会感到心惊胆战。在这个世上扩音器是有限的，这些人发出的声音过大，弱势群体的声音必将被掩盖。

我们在浏览网站的帖子时，也经常能看到类似情况。面对狭小的生活圈和人际关系圈，在频繁的网络交流中，人们以群体来定义众生。学生成了"伙食虫"，妈妈成了"妈虫"，老人成了"假牙虫"①。这些对人群进行划分、嘲弄的称呼完全无益于社会。在世越号遇难者家属们进行绝食抗议时，ilbe论坛上有人去光化门吃着比萨饼和炸鸡，进行"暴食抗议"。这一事件令我对人性产生了严重怀疑。这种违背基本人伦的事情，如何能用保守和进步间的问题或言论自由来进行解读呢？

在共同经历了世越号事件之后，我们每个人都或多或少发生了变化。我们切身体会到人并不像花儿一样美好，世间的黑暗无处不在。但即便如此，如果说世间还有希望的话，那便是共情心理的存在，它让一个人更"像人"。共情能力之所以是人类与生俱来的最伟大的能力之一，是由于高层次的想象力，这种想象力不是"我经历过所以懂得"，而是"我虽然不了解，但这种情况也有可能存在"。即便最终无法理解，但这种努力的心态，尝试去理解他人的共情系统使得我们一点点地进步。世越号事件已过去多年，我们共同守望着海上升起的世越号。

①"伙食虫"指吃学校食堂的中学生，"妈虫"指没有收入的全职妈妈，"假牙虫"指倚老卖老的老人。——译者注

没必要为了得到认可而勉强自己

体长 60 厘米，尾长约 50 厘米，体重不超过 5 公斤；圆圆的脑袋，耳朵像竖起的三角形；眉毛和脸颊上长着白毛，眼睛下的竖形红纹更添几分可爱，肚子和腿部的毛色黯黑发亮。这种长得既像狸子又像狗的动物，名叫"小熊猫"。

客观上来讲，小熊猫长得很可爱，《功夫熊猫》里师傅一角的原型就是小熊猫。无论是它的长相还是行为动作都让人觉得十分可爱。我亦是觉得如此，以为这便是小熊猫的全部，但小熊猫却有着另一面。

"很多人觉得小熊猫长得可爱想饲养，但因为小熊猫不喜欢人，性格偏激，不能当作宠物来饲养。"

这是许多小熊猫饲养员的共同认知。起初，我觉得它只是一只长得可爱的动物，没有觉得它有什么特别的魅力，但当了解到它的另一面后，我觉得它很特别。就像小王子喜欢玫瑰一样，不了解的时候它不过是同类中普通的一个，了解之后就变成了唯一。

我们陷入爱情的过程是否也是因为成功发现了对方"令人意外"的一面呢？人们爱一个人，其实就是在那个人身上，在别人看不到或觉得不起眼的某处深入探究，发现特别之处。这也是一种"定制"，在兴趣、说话习惯、爱好取向等方面找到与自己的共同点，在此基础上逐渐添加上彼此的色彩。在因分手而伤心的人面前说"世界上男人（女人）很多"之类的话起不到安慰作用的原因便在于此。

我们都有缺点、漏洞、不足和出人意料的另一面。我们有着很多的欲望，在各种关系中，以不同面貌生活。人们总是努力以别人期待的样子或符合外部条件的样貌来示人，但与之相比，人类却是更高层次的立体存在。

我非常喜欢小说家金勋曾经说过的一句话："记者一看就像记者，警察一看就像警察，检察官一看就像检察官的人都被劳动毁了。那种别人看不透你靠什么生活的人，才是一个完整的人。"你没有必要为了得到别人的认可而去维持一贯的样貌。不同的面孔构成了独一无二的我，就像那又凶又可爱的小熊猫。

请尊重他人喜好

"喜好纳粹"，指的是那种一旦觉得他人喜好与自己想法或意见不同就直接对其进行攻击的人。听到这个词我想起了一件往事。

以前的一位前辈同事曾问我喜欢哪个作家，我就说了脑海中的几个："金××，金××，李××"。前辈听后说道："我大概了解你的喜好啦！"第二天，前辈提交的企划书上写着："本方案的目的在于对阅读金××和金××，充其量阅读李××作品的人进行启蒙。"

布尔迪厄（Bourdieu）的文化资本理论或其他通过喜好来进行人群区分的理论广为人知，无须赘言。即通过喜好大体上可以预测当事人的经济水平和成长环境，因为喜好是根据他所属的阶层自然形成的。同样是 50 多岁，爱好高尔夫和爱好登山的人群不同；同样是 20 多岁，听偶像音乐和听爵士乐的人群亦不同。

此外，喜好也是我们所向往的理想国。我们追随帅气的朋友，模仿所喜欢艺人的思维方式和语气，在这个过程中长大成人。我见过很多人因为喜欢村上春树，随之喜欢上了日常跑步和喝啤酒。

喜好也会成为一个群体的生活方式。20 世纪 90 年代韩国民众普遍爱好"音乐鉴赏"和"读书"，人气歌手的唱片能卖出百万张，基本上家家都有一套著作全集。那时的我每天看书，但因为大家都说自己的兴趣是读书，我担心别人会觉得我是个泛泛之辈，便不好意思说自己喜欢读书。

最近韩国民众好像普遍爱好看电影、上 YouTube、打游戏、旅行等。因此我遇见旅行作家时，经常会在内心笑道："这个人如果说自己的爱好是旅行，估计会觉得难为情。"之前没有人说"我不喜欢书"，最近则很少有人说"我不喜欢旅行"。

如果喜好只是为了得到别人的认可而不断否定自己，那这与接受日记检查又有什么区别？只有坦诚地吐露自己喜爱之事，同时尊重别人的兴趣爱好，世界才会变得五彩缤纷。让我们从尊重彼此的喜好开始！

如何让自己独一无二

世纪美人奥利维亚·赫西（Olivia Hussey）在婚后参加脱口秀时，主持人问："您应该被很多人求过婚，您是如何认定莱昂纳德·怀廷（Leonard Whiting）就是您未来的丈夫呢？"赫西突然蒙住了主持人的眼睛，问道："我的瞳孔是什么颜色？"主持人答不上来。"他是唯一回答对了这个问题的人。"

我们每个人都像是一本等待翻阅的书，我们希望别人不要读到一半就放弃，希望别人不要随便一读就装作很了解的样子去评价，希望别人能发现自己不同于其他书的特有价值。但实际上我们又是如何对待别人的呢？我们会用一句话简单概括某人，托马斯·曼（Thomas Mann）在《托尼奥·克洛格》（*Tonio Kröger*）一书中将之称为"您被（这样）处理掉了！"。如果有人"处理"我们，我们会很生气，但我们却会轻易"处理"别人。

　　如果要想听清别人说话，首先要降低自己的音量。令人意外的是，仔细观察后再做判断并非易事，而这是人们能够做到的有益之事。看到某物有着更多感触的人是善于思考的人，善于思考的人应是见多识广的人，正因为他们见多识广，更可以体会到自己未曾经历过的人生。我们这样做的话，应该也能成为独一无二的人吧。

只要不嘲讽，就依然有希望

　　有些人喜欢冷嘲热讽。嘲讽不单单是一种负面情绪，它源于一种认知，认为世上不会有重要的、美好的事情发生。"试过了还是不行，以后也不会有任何改变"，这是喜欢嘲讽的人群惯用的思维模式。与外向、内向这种与生俱来的性格不同，喜欢嘲讽的性格是在社会经历中后天形成并得以强化的。没有人从一出生就喜欢嘲讽。喜欢嘲讽是在"或许"变成"果然"的记忆中，在期待不断落空时形成的一种自我保护机制。

幼年时期大人们给我们看的书中会告诉我们："努力不会辜负你""正义终将会取得胜利""职业不分贵贱，人人平等""贫穷令人感到不便但并不可耻"。我们在学校也通过《正确生活》《道德》《伦理》等科目来学习公共义务及责任、法律和公众道德。但是孩子们在成长的过程中会慢慢领悟到：努力会（甚至是经常）辜负我们；世界上充满了不合理、不仁义；和美好的人或事相比，龌龊的事和费解的人更多；贫穷不仅会让人不便，也会令人感到羞愧。

在学校学习到的世界与现实世界截然不同，这一领悟过程会给人们留下很深的心理创伤。避免再次受到伤害的办法就是不再期待。冷嘲热讽不仅仅是说"行不通的"，同时也是一种预言，在看到别人努力挣扎最后失败时，他们会说"看吧，我早说了会这样"，所以有时这种人看起来像是对世间百态了然于胸的明智人士。

环顾四周可以发现这真是一个十分适合冷嘲热讽的环境。恋爱、就业、结婚不再是人生自然而然的程序，而成了需要渴求和努力的梦想。意为"放弃一切"的"弃 N 一代①"，以及"地狱韩国""土汤匙②""权势霸凌"等反映社会矛盾的词语现在耳朵也都听出了茧子。大多数年轻人在大学毕业后成了临时工，到手的工资远远赶不上飞涨的物价，好的工作岗位只有极少数的人能得到，而这些机会今后也势必会越来越少。付出多少就收获多少，能够期待今后生活会越来越好的，父母辈是最后一代人。

面对这种状况，对社会感到不满很正常，但若因此厌世，情况只会变得越来越糟糕。就像自己认为与某人无法交流而干脆不与之对话一样，如果对变化不抱希望，就不会对这个世界采取任何行动。一所房子若长期无人居住，房子并不会维持原来的样子，而是会积满灰尘，处处破损。每天的清扫和擦拭可能也不会留下清理的痕迹，但至少不会让房子变得更糟。

---

① 弃 N 一代：网络新词，指放弃 N 类东西的一代人。最初源于"弃 3 一代"，指放弃恋爱、结婚、生子 3 件事的一代，后演变为"弃 N 一代"。——译者注

② 土汤匙：与金汤匙、银汤匙相对应，指家境不太好的人群。——译者注

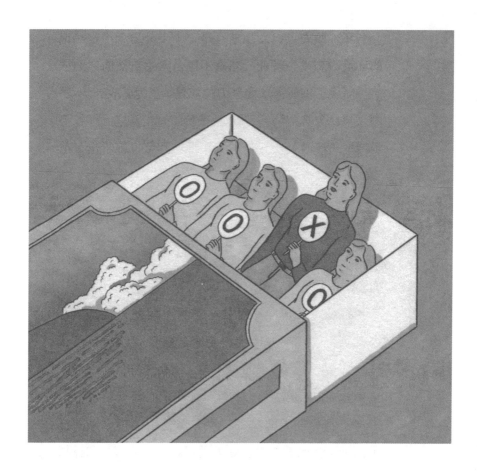

我们在表达愤怒和不满的同时，
也不要忘了憧憬理想的生活。

　　我们在表达愤怒和不满的同时，也不要忘了憧憬理想的生活。虽然这个世界并不像我们小时候所学的那样美好，但我们心底依然可以保留一份期许："也许说不定呢"。没有最佳选择的话就选其次，没有其次就选不太糟糕的，只有这种迫切之意才能阻止最糟糕的情况发生。

　　当今我们的社会是过去反种族主义者、反战主义者、女权主义者等理想之士梦寐以求的社会。我并非要大家去无条件地肯定这个世界，而是请大家"不要嘲讽"，切实回到自己现在的位置，勇敢面对现实。如此一来，即便无法改变世界，至少自己的人生和自身周边也许会变得有所不同。

不要凡事都温柔忍让，美好人生才会来临

　　我曾经有过一个军官男友。他虽是个军人，但令人开心的是他通勤，经常能见面。刚开始恋爱时，即使每天见面依旧会想念对方，工作日我们也经常约着一起吃晚饭。但满怀激动等待着的我，在越来越多的日子里等来的却是他的道歉和约会的取消。每次出现这种情况只有一个理由 —— 上级下达了指示。他向我

解释缘由，但很多时候我觉得无法理解，经常问他："那一定要在下班后做吗？工作为什么要搞得这么低效呢？"男朋友告诉我，在军队里不能这样问，并说道："韩国军队和外界不同，缺少三样东西：合理性、效率性以及人权。"

2017 年 8 月，"公馆兵奴隶门"事件引发了人们的愤怒。某陆军上将夫妇对公馆兵的虐待超乎了世人想象，士兵试图自杀。这对夫妇手下的公馆兵们要 24 小时戴着电子手环，随叫随到，下班之后没有一点自由时间。据说不听话就会被威胁关禁闭，还会把腐烂的水果或者烫手的煎饼扔到他们脸上。退役的公馆兵 A 某接受采访时称："把士兵们当作下人一样使唤是最让人煎熬的。"

相关报道一出，就有接二连三的证言不断涌现，称自己有过类似遭遇。据说该将军会挑选一些名牌大学生给子女做课外辅导，让士兵管理菜园，经常对士兵们施以暴力，恶语相向。公馆兵们简直可谓是现代版的"私人奴隶"。根据陆军规定，公馆兵是在长官级指挥官的认可下，主要负责设施管理、联络指挥控制室、准备餐食等公务，上述行为明显违反了规定。

我工作的媒体为了制作与此相关的内容，对那些刚退役没多久的大学生进行了采访。第一个问题是"您在军队里遭遇过上级的不公平对待吗",我原以为大家会对自己的经历不吐不快,但起初大家都是这种反应:"在军队里滥用职权、作威作福?记不太清了……""好像没到这么严重的地步吧"。于是我们又问了他们有没有过像"奴隶门"公馆兵一样的不公平遭遇,他们想了好大一会儿说道:"仔细想来是有过这种遭遇,但是之前没有觉得这是被刁难了,因为这种事情在军队里太常见了,现在想起来这就是不公平对待呢!""公馆兵奴隶门"事件的大部分回帖都是"该爆料的终于爆了""我也有过类似的(或更严重的)遭遇"。

问题一直都存在,只是人们没有将其视为问题而已。我从这次"公馆兵奴隶门"事件中看到了社会进步的希望。不能将上命下从的军纪作为滥用职权的借口,军人也有人权,必须要尊重他们的人权。这个再自然不过的道理,因一句"军队本来就那样"而一直被人们所忽视。但是"本来就那样"是不存在的。"不管怎样,也不应该这样!"当有人开始为之发声时,世界便开始逐渐改变。请不要再说"大家都是这么过的""好的就是好的"之类的话了,当我们面对不合理的惯例,下定决心不再沉默时,世界真的会变好。2017年 10 月,公馆兵制度出台 60 年后,被国防部废除。

第 3 章

自我表达肌肉训练法

积极地面对人生本身，决绝地对待胡言乱语

"你和我住双人间就行，当然床分开。"从伦敦出发的公交车在抵达苏格兰爱丁堡之前，我问同行男子住哪儿，他对我如是说道。"这是什么鬼话？"

大学时我去国外旅行的第一站便是伦敦。我一心想要出国看看便努力攒钱，但每小时 3500 韩元的兼职勉强能维持我的生活费。正当我备受打击时，一个正在伦敦进修语言的师姐表示我要是去伦敦的话她管住。光是少了住宿费这一项，也能省好大一笔钱呢！"要是师姐只是说说而已怎么办？我这样贸然过去会不会太失礼了？"我也不是没想过这些，但我依然选择性地忽略了。人格中礼仪、廉耻之类的貌似大部分都是和金钱挂钩的。

大三暑假时，我买了往返伦敦的特价机票，揣着买机票剩下的 100 万韩元去了伦敦。饿了就用司康饼充饥，主要逛逛免费的美术馆，即便如此我依然觉得很幸福。师姐的隔壁住着一位在英国留学的韩国男生，不知是不是因为块头大的原因，他稍微动弹一下就汗流浃背。他问我除了伦敦还要去哪里，我回答说还要去两周后即将举办的苏格兰爱丁堡艺术节。结果他兴

冲冲地说自己也要去那里，提议由他顺道一起把公交车和住处先预订了，随后费用一起结算，我便道了谢。结果在公交车出发后，他便有了上述言论。我表示不满道："要是早一点告诉我的话，我会另找住的地方。"结果他反问："床是分开的，有什么问题？"还说英国女生一般都不介意，是我不懂变通，过于敏感。

　　要是换作现在，我可能早飙脏话了，但当时的我说了句"再见"后便转身离开。下了公交车我就开始找住的地方，但当时正值旺季，一间空房都没有，接连转悠了十多个地方也没能找到安身之处。"一路这么顺利，我就知道不正常。大邱土鳖竟妄想出国，这就是自己不掂量自己有几斤几两的代价。"我边走边哭，但事已至此，也不能只是哭啊。

　　我先到活动现场观看了边缘艺术节表演，随后参观了爱丁堡城，傍晚便前往火车站，打算在那儿露宿一晚。我拿出了打算彻夜阅读的书，两个女人走过来搭讪："打扰一下，您是韩国人吧？"她们说看到我手里拿的书，知道我是韩国人便找我问路，我告诉了她们。两人道谢之后问我住哪里，我告诉她们，我本来计划的是 2 天 1 夜的旅程，但因为住宿预约上出了点问题，打算今晚在车站凑合一晚。没想到她们听后提出了一个令人颇感意外的建议。她们说她们住的是三人间，有一张空床，可以免费给我住，让我跟她们走。真是令人难以置信！我怎么可能如此幸运？这次海外旅行本已是非分之想，现在又是这副模样，而我又一向倒霉……但情况还会比现在更糟糕吗？

一番思考过后我便跟着去了她们住的地方。洗去一身的汗渍出来后，姐姐们拿出了红酒和奶酪。两人都是30岁出头，在首尔广告公司上班，来这里旅行度假。那天我对着初次见面的姐姐们，说出了对家人都没说过的话。我东拉西扯，从为什么打算独自睡车站开始，说到自己一直以来习惯了不幸，又说到自己自尊心又强又自卑，不擅长处理人际关系，还提到自己大学毕业后想靠写文章维持生计但又觉得行不通。

那晚姐姐们对我所说的话堪称完美。对20岁出头的大学生来说，30岁出头的职场女性是了不起的"大人"。那天晚上，我从她们那里听了很多在那个时期想听的话："你现在的旅行非常有勇气""了不起""你一定能行"。听着这些温暖的鼓励，我感到内心冒出了一簇火苗，心潮起伏，彻夜未眠。天亮了，我穿上在韩国不穿开衫便不好意思穿的无袖连衣裙，把写着姐姐们电话号码的便签放入背包后离开了。"我得让姐姐们看看她们说的没错""说不定我是个幸运儿呢",这些想法在韩国的我从未曾有过。

如果当时在公交车上我不好拒绝,心想"没关系"跟他走掉的话会怎样呢?估计就不会有这意外的好运了。万一出了什么事的话,估计也会备受指责:"你为什么要相信那个男的跟着他去呢?"从那以后我和之前判若两人,经常独自去旅行,看到新事物会选择先尝试。在享受冒险的同时,我打造出了自己的人生格言:"积极地面对人生本身,决绝地对待胡言乱语"。

如何与缺乏界限感的人对话

心理学术语中有"个人空间"(personal space)一词,指让个人感到舒适所需的周围空间范围。对不同国家的人而言,合适的个人空间距离并不相同。例如,在日本大约为 1.01 米,在美国大约为 89 厘米,即日本人比美国人的人际距离更大,而韩国人则可能更接近于日本人而非美国人。我们在电梯里与陌生人近距离接触时会感到不舒服,地铁里有空位时尽量坐远一点,这些均是源于保护个人空间的本能。

人类学家爱德华·霍尔(Edward T.Hall)曾指出:

"所谓的个人空间不单指物理距离，也指心理距离"。我们和陌生人保持一定的距离，只是聊聊天气之类的话题，但可以和有交情的人近距离地坐在一起，谈论更深层次的话题，这是因为心理上的个人空间不同。注意到这一点的人在对待他人时，会根据关系的亲密程度保持适当的距离，进而处理好人际关系。相反，对这方面不敏感的人，总是会发出一些越界的言论，或是提出一些与亲密程度不一致的问题，使对方感到不快。

同样的问题，问的人不同，语气不同，我的回答也会不一样。有的人不注意保持适当的距离，会很唐突地过来进行一番提问，对这种人要用恰当的方式应对，因为我们在维护自己个人空间的同时，应尽可能地终止对话以避免尴尬。我给大家介绍以下几个办法。

例如，当某人提出了问题，而你却不知其意图时，最好不要轻易作答。关系一般的人或领导问你："最近忙吗？"你可以回答："啊，科长您应该更忙。最近过得怎么样？"一般情况下，对方在回答你这个问题时，都会说出自己提问的意图。弄清楚对方是单纯的问候还是为了布置任务后再作答也不迟。从以往经验来看，关系一般的朋友突然在通信软件上以这种方式联系你的话，多半是为了发婚礼请柬。这种情况下，你可以反问："你最近过得怎么样？"了解原委后，可以回答道："恭喜你！但我最近有点忙，婚礼可能就没办法参加了。"

　　有时你能立刻明白提问者的意图，但若是不方便回答，瞎扯也不失为一种方法。比如，当有人问你"你是女权主义者吧"，你无须直接回答"是"或"不是"，而是反问对方"'女权主义者'准确来讲是什么意思呢"或"你为什么会这样想呢"。这时候要注意的是不要表现出不高兴。对方会做出类似的解释："大家不是把女性优越主义者叫作女权主义者吗""听了你刚才的话……"在解释的过程中，他会意识到自己的逻辑站不住脚，便会迅速转移话题。

　　即使不清楚提问者的意图，对于你不愿回答的问题、有可能引发争论的问题，听而不答也是一种方法，我们不可能和所有人进行讨论。没什么交情的人问你"你觉得前总统朴槿惠怎么样""对于最低时薪上调，你怎么看"，只要把话题抛给对方即可。多数情况下对方的目的在于训斥或试探，你可以回答"那方面我没怎么想过"，在不暴露自己底牌的同时快速结束对话。

像这样突然闯进自己个人空间的，大多是擦肩而过的陌生人。即使不可避免必须在同一空间去面对对方，也没必要对其敞开心扉，深入交流。每个人的个人空间感不同，有时候自己还没有做好心理准备，但对方会觉得他有资格，会贸然进入你的个人空间。如果不想被他们牵着鼻子走，想要按照自己的进度来维持这段关系的话，就需要有专属于自己的应对方法。用一颗平常心来固守自己的专属个人空间并非易事，但非常有意义。归根结底这与"自我保护法"有关。

你得告诉他那样做不对

著有《我是地方大学的合同讲师》《代理社会》等作品的作家金敏燮在写作之余还做代驾。有一次金先生接了个单，他给客人打电话说大概十分钟后会到达约定地点，对方回答知道了，结果金先生如约到达后给对方打电话却始终无人接听。金先生说他在原地等了20分钟之后才回家。故事到这里是生活中很常见的一幕，但令我印象深刻的是金先生接下来的应对方式，他在自己的SNS（社交网络）上写下了自己的处理方法。

"遇到这种事情，我通常会询问客人在哪儿，东找西找大半天，取消订单后很快也就抛到脑后了。但今天我不想这样。我给那个客人发了个短信：'我就当作您已离开，会取消订单的。但是为了您我赶到了出发地点，这个过程也是一种劳动，像您这种不接电话的行为是非常不地道的。'我不知道他会不会看我的信息，但我希望他在明早看到这个信息时多少能感到点羞愧。"

发生突发状况可以取消约定，但是不提前告知对方是一种侵占对方时间和机会成本的行为，同时也是一种剥夺他人机会的行为。这会给对方带来不便，但凡对此稍有顾忌的人都不会这样做。我们把这种预约后未取消也未到达约定地点的客人称为"No-Show"。据现代经济研究院发布的报告称，2016 年餐厅、高速大巴等服务业，预约后并未守约的人数占比超过了20%，这一年由于 No-Show 客人造成的营业损失高达4.6 万亿韩元。预约是与他人的约定，在韩国人们遵守约定的意识尤其薄弱。正是由于这些不守约的韩国人，国外甚至有些地方唯独不接受韩国人预约。

最近，服务业正通过实行先付或预付款制度来减少"No-Show"客人数量。一周前取消可以退还全款，若违约且未能提前取消的则要受到惩罚。给"No-Show"客人处以罚款或限制其下次预约，让他们知道给他人造成不便也会给自己带来不便。这一举措非常有效，事实证明，韩国航空业界采用违约罚款制度后，"No-Show"客人数量比之前减少了三分之二以上。

如果在日常生活中遇到了无礼之人，能够自然而然地提醒他一声"你那样做不合适""这让我感到不舒服"，或许人们的意识也会发生改变。如果一直对这种行为视而不见的话，那些嚷嚷着"别的地方都行，为什么这儿就不行"提出无理要求的顾客，质问"其他人都说没关系，怎么就你这么敏感"的人就不会减少。我们需要像金先生一样，坚定地告知对方他们应该感到羞愧这一事实。

为何要学会自卖自夸

Show Me the Money 第 6 季已经播完了，我并不喜欢淘汰赛之类的节目，唯独这档综艺节目从第一季开始我便一期不落地追看。我十分欣赏嘻哈（HipPop）人身上的特质，因此越发喜欢这档节目。节目中他们真诚地讲述自己的故事，高呼"我是最棒的"的那种

气势，让人心情愉悦。

其他的选秀节目里的评委们就像是宣布病情的医生，又或是告知刑期的法官，参赛选手在他们面前点头弯腰、唯命是从的样子着实令人心疼。那种一味批评，令个性选手们颜面扫地的评判方式同样为我所不喜。但是 *Show Me the Money* 第 6 季里的选手们信心十足，他们的态度甚至令人感到有些狂妄。他们对评审结果不满意会提出抗议，也会放言声称没有人比得过自己，在节目初期我觉得有些无语：是什么给了他们这样的勇气？但我越看越是被他们的坦荡所吸引。虽说"稻子越熟头越低"，但那也要等到稻子熟了之后。我们一直以来不都是还没成熟就开始低头了吗？

嘻哈音乐原本是"未成熟"人的呐喊，是对这个未等长成便被腰斩的世界的抵抗。肩上扛着巨大的便携式收音机，在大街上阔步高呼，这便是嘻哈音乐的起源。住在美国纽约哈莱姆区的黑人和西班牙青年没钱买乐器，便把原有唱片混合在一起制作音乐。这里种族歧视十分严重，每到晚上种族主义分子在开枪后会狡辩称"（因为皮肤太黑）大晚上的没看清"。黑人们大喊着"这里有人"对此表示反抗，这便是说唱（rap）的原型。

　　虚张声势也是缺乏存在感的人的发明。贫穷的黑人一无所有，他们需要更加积极地证明自己。大部分说唱歌手会在自己名字前加上"MIC Controller（麦克风支配者）"的缩写"MC"或以此作为昵称，皇冠、博士、王、天才之类的称呼均源于必须大胆展示自己才能生存下去的嘻哈精神。

　　嘻哈风服饰风格也始于穷人，居住在哈莱姆区的贫穷黑人穿不起合身的衣物，他们买一次衣服需要尽可能穿得久一些，考虑到长高和变胖等因素就会买不合身的宽大款，嘻哈风标志性的宽松肥大的鞋子、T恤、裤子便源于此。这后来逐渐发展成为一种文化，嘻哈风如今成为一种潇洒的自我个性表达方式。

　　匮乏本身是脆弱的，但随着个人对其看法及向众人展示的方式不同，匮乏也可以变得伟大，大多数艺术家的创作方式便是如此。越是在韩国这种等级意识分明，大家争先恐后降低姿态的地方，越是需要这种嘻哈精神——对他人的评价不盲信，对权威不盲从，欣赏自己。如此一来，当有人说"好好待着别动"时，会有越来越多的人行动起来。

　　可以肯定的一点就是，比起世人如何看待自己，自己如何看待自己更重要。黑人作家詹姆斯·艾伦·麦克弗森（James Alan McPherson）的小说《行为半径》(*Elbow Room*) 中有这样一段话：

> "我爸爸和在纽约的大哥说了：想要得到世上的任何东西，都要学会自卖自夸。"
>
> "为什么呢？莱昂？"老师的语气似乎有点不耐烦。
>
> "因为啊，"小小的少年挺起了胸脯说道，"我要是不夸夸自己，就没有人夸我了啊。"

练习坚决而优雅地拒绝

我丈夫经常能听到别人说他长得很和善，这一面善的缺点就是经常会有人托他办事。毕业都很久了每年新上任的学生会会长还是会联系他，让他帮忙审核下网页，托他帮忙看下企划书或提案的更是数不胜数。尽管我丈夫的工作与写作无关，但仍会有人托他审读下自己的文章。为了完成这些事情，他经常会把自己的工作往后推，有时还得熬夜赶工。

像我丈夫这种经常受人之托的人，别人称赞他"你真是个好心人""果然只有你最好了"。他放不下这种称赞，又不想让别人失望，只能苛待自己，消耗自身精力。但人际关系中重要的是要根据事情的紧要程度来分配自己的时间和精力。如果是很冒昧的请求，最好直接拒绝，不过有时情况会比较棘手：既想要与对方维持现有关系，自己又不太方便或没有能力答应对方的请求，此时就需要寻找一个既不伤感情又能拒绝对方的办法。

想要完美地拒绝别人，首先要开心地回应对方的联系。以此来传递给对方这样一种信息：虽然我很想帮你，可是我的情况不允许。接到对方的联系后，不要表现得心不甘情不愿，而应积极倾听、思索对方所言内容及情况，并随即表示感谢："谢谢你给我这么好的机会。""这么重要的事儿，谢谢你能想到我。"只有这样，被拒绝的人才不会受伤。

接下来先别急着回复说行或不行，最好先向对方确认"最晚什么时候给你答复"，如果对方回答很急，最好今明两天之内回复的话，很可能在这件事上，你并非对方的最佳人选。很大概率是他已经托过了其他人，但遭到了拒绝才找的你，因此你无须感到抱歉，以最近很忙为借口拒绝便可。如果事情真的很紧急，对方当然也清楚自己的请求有些强人所难，很可能会被拒绝，因此即使真的被拒，他也不会感到特别失望。在这种时间紧迫的情况下，如果一直拖到最后才表示拒绝的话，情况可能会变得更棘手。对方会说："我以为你答应了，都开始推进了，结果现在你跟我说不行。那我怎么办？"以此来激起你的负罪感，迫使你无法拒绝。

如果对方给了你充分的时间予以考虑，你可以先回答对方"我先看看日程安排再联系你"之后挂断电话。经过一两天的考虑，如果依旧觉得吃力的话，再次联系对方，表达自己虽然很想帮忙，但由于"最近家里有事"或"公司业务太过繁忙"等无法提供帮助。在表达了这一意思后，如果是费用或日程上有调整空间，可以试着提出自己的意见。对方会尽可能地接受你提出的条件。如果实在是因为自己日程原因无法帮忙，也可以将身边的合适人选推荐给对方。

在一段关系中，如果害怕对方讨厌自己，担心一旦拒绝，对方便会离去，从而一味地勉强自己答应对方请求的话，时间越久副作用便会越大。察觉到彼此关系不平衡的对方会继续提出无理请求，而受托之人在想得到别人认可的扭曲欲望和受害意识的双重折磨下会变得愈发消沉敏感。受人之托时自己的状态一定要是乐意的、轻松的。如果礼貌拒绝了对方，结果他仍是一味地抱怨指责，这种朋友最好不要走得太近。

既想要与对方维持现有关系，
自己又不太方便或没有能力答应对方的请求，
此时就需要寻找一个既不伤感情又能拒绝对方的办法。

　　既想让别人称赞自己是个好人，又想善于拒绝他人，这只能是一种理想。我想说的是两者之中需要在某种程度上放弃一方。我们要清楚：自己有拒绝对方请求的自由，被拒绝的对方也有对我们感到失望的自由。妄想成为所有人心目中的好人，只会任由他们操控自己而已。

并非你太敏感

　　"青蛙之所以冬眠是因为它是冷血动物。人类不冬眠吧？为什么呢？"正在学生中间踱步讲解的班主任，突然伸手摸我刚开始发育的胸部说："我们人的体温就像这样与外界温度无关，总是温暖的。"他为什么要这样对我呢？实在是太无耻了！这是小学四年级时候的事情，当时的班主任还差一年就退休。20 年过去了，每次听到性骚扰一词，这件事就会清晰地浮现在我的脑海。

　　从小到大我经历过的性骚扰事件并非仅此一件。高中时期，有一位老师在我耳垂上摸来摸去，把嘴唇贴在我耳边窃窃私语；大学打工时，前辈们追问我与男友间的事情也令我十分难堪。在权力关系中越是处于劣势、年龄越小，就越容易受到性骚扰，而受到性骚扰的女性则显著多于男性。

2017 年美国著名电影制作人哈维·温斯坦
(Harvey Weinstein) 的性丑闻引发了"me too"运动。
受害女性表示哈维·温斯坦曾称如果答应他在性方面
的要求，他便会提供更有利的签约条件。性骚扰，特
别是像这种与权力密切相关的职场性骚扰问题，很多
情况下受害人即使遭受了性骚扰，也只能束手无策。
韩国劳动部数据显示，职场性骚扰的报警数量呈持续
增长趋势，从 2012 年的 263 起到 2016 年的 556 起，足
足增加了一倍，未报警的实际性骚扰案件则估计会更
多。最近报道的东部集团秘书遭遇性骚扰的事件已涉
嫌性犯罪。该类事件可以利用相应的法律手段来予以
应对，我对此并不是很了解，我想谈一谈的是日常生
活中所遭遇的性骚扰。我们要怎么做才能不助纣为虐，
在遭遇性骚扰时应该如何应对。

在遭遇性骚扰时，首先要做的便是摒弃"我是不
是太敏感了""他不是那种人"之类的想法。一旦认为
这没什么，就很难去制止或是表现出不快。如此一来，
那些犯错的人逍遥自在，自己的内心却自责不已。根
据韩国妇女家庭部 ①2015 年职场性骚扰调查，遭遇职场

---

① 韩国妇女家庭部：类似于中国妇联，旨在保障女性及儿童青少年等的权利。——译者注

性骚扰的人当中，78.4% 的人未采取任何行动，只是一味隐忍了事。而选择隐忍的最大理由是"没觉得这是个大问题（48.7%）"，第二大理由则是"即便报警也不会得到妥善解决（48.2%）"。

这不奇怪吗？受害者认为自己遭受了性骚扰，却又不觉得这是个什么大问题，但更大的问题在于这种事情发生得越多，就会不断有性骚扰者以"是你太敏感了"来为自己辩解。请相信自己的感觉，"不快"这种感觉本来就是主观上的，并不需要得到别人的许可。

第二件要做的事情就是不要笑。如果觉得难以义正词严地拒绝，至少要做到不苟言笑。很多女性在遭遇性骚扰的瞬间由于不知所措反倒会笑。甚至她们在拒绝性骚扰者时担心自己的语气听起来不近人情而讪讪地笑。她们在 Kakao Talk^① 等社交软件上被言语性骚扰或回复性骚扰者发来的消息时，经常会发"呵呵"之类的消息。性骚扰者会恶意利用这一点，将其作为证据，主张对方对自己也有好感，或对方未表示出明显抗拒等。

---

① Kakao Talk：一款韩国人常用的免费聊天社交软件，类似于中国的微信和 QQ。——译者注

　　另外经常进行言语性骚扰的人当中，有很多人看到别人尴尬地笑，会误以为自己很风趣。在他看来不过是有趣的"黄段子"，却往往会因把控不好而越界。一开始就进行严重性骚扰的人并不多。起初是开一些无足轻重的玩笑，随后逐渐加大力度，如果对方未表现出特别反感，性骚扰者会自认为对方也心甘情愿，最终铸成大错。因此我们不能给性骚扰者留下余地。无论是在聊天群还是在个人聊天时，如果在无意中收到了黄色照片或视频，我在确认后不会回复，随后和发消息的人聊天时也压根不会提起相关话题。我也曾开过带点颜色的玩笑，但后辈并没有笑，我便不会再开类似的玩笑。面对令你感到不舒服的言辞，与其勉强回复，不如"已读不回"更有效。要让对方识趣。

　　此外，一般情况下，如果察觉到了情况不对，就应尽量避免两个人独处。若迫不得已需要沟通交流，则尽可能将所有内容留个备份，谈话时也最好录音。性骚扰受害人经常会想"这次不会那样了吧""他不会是那么坏的人""除了这一点，他其他地方都挺好的"，这种心理状态就像被家暴的妻子对丈夫的想法。很多时候我们自己都管不住自己，又怎能盲目相信他人呢？如果是一段健康的关系，从开始便不会让人产生这样的想法。这类烦恼的存在本身就证明了二人之间的关系不健康。在遭到言语性骚扰时，根据情况可以半开玩笑地明确警告对方："你是因为把我当成女儿才这样的吗？但是我爸爸也不会对我这样啊。""刚才的话我录音发到网上的话，您估计马上就成网红了。""现在说这种话可是会出大事哦。"以此让对方意识到问题。

在韩国性骚扰被认定为犯罪源于 1993 年的"首尔大学申教授性骚扰事件"。当时首尔大学某实验室的合同工于助教，遭到了上级教授申某的非必要身体接触和言语上的性骚扰。于助教对此提出了抗议，申教授随即违反当初约定，不再推荐续聘于助教。于助教随后将申教授及首尔大学校长和国家告上法庭，提出诉讼，要求赔偿。韩国民友会附属性暴力协会相关人士表示："申教授事件成为从法律上引入'性骚扰'而非性暴力概念的契机。"据说当时"性骚扰"一词的含义并不明确，相关人员还曾对英语中"性骚扰"一词 sexual harassment 的概念进行了研究。

那么在 1992 年以前，没有性骚扰概念的韩国社会就没有性骚扰行为吗？不是的。在我小时候还没有"家庭暴力"的概念，夫妻间的暴力行为不受法律制裁是社会共识。"约会暴力"也是最近才出现的词。那些原本被认为是理所当然的事情，被大家刻意避而不谈的事情，人们开始将之视为"问题"。那些一度被指责"你怎么那么敏感"的人们，努力表达着自己的不满，这个世界也因此悄然改变。正是多亏了他们，那些忍气吞声的受害者才能够发出自己的声音。

性骚扰成立的条件本身是以受害者为中心，重视受害者的感受。在遭遇性骚扰时不要刻意去想这没什么，一味忍受只会让问题反复出现，情况很有可能会变得更糟糕。此时的关键在于要相信自己的感觉，要坚定决绝。专家们强调在日常生活中遭遇性骚扰时最开始的处理方法很重要，如果你觉得直接拒绝有困难，建议你采取其他方式来表达自己的感受。像教育耍赖的孩子一样，你可以一直盯着他，直到他自己停下来为止。如果他依然继续，就要坚决地告诉他不行。如果对方仍旧不加收敛，建议你最好直接转身离开。这是面对日常生活中性骚扰时的基本处理方式。

你的一番善意会被视为他的权利

据说在家里招待客人时，做意大利面的人很大概率是不会做饭的。按照包装袋上的说明煮好面，买来现成的酱料，加入洋葱和培根，再把做好的配料倒在面条上炒一下就成了。听了这个故事，我想起了玛芬蛋糕，即使是新手去做，一般也不会失败。一般家庭烘焙失败的原因在于计量错误或定形问题，或是放入面粉、鸡蛋、牛奶后，乳化的温度和时机不合适。但做玛芬蛋糕时即使稍有失误，基本的味道和外观还是可以保障的，不管怎样，烤好了就是圆的，看起来也蛮好吃。

以前我很喜欢做面包。出于自信，我觉得做玛芬蛋糕没什么挑战性，主要会制作一些和面工序复杂的吐司面包、肉桂面包卷、蛋挞等，制作时我还会足量加入比人造黄油贵 5 倍的高级黄油。看到大家一脸吃惊地问"这个真的是你做的？"，我会感到十分开心。我曾给前男友的父母做过用火上加热过的筷子做出嘴巴和眼睛的小鸡仔面包，也曾给前男友和朋友做过需要发酵两次、做起来烦琐但味道可口的香肠面包。我喜欢的人吃了我做的面包越发地喜欢我，不过我现在不会去做那些工艺复杂的面包了，我给我丈夫也只是做过玛芬蛋糕和曲奇饼干。

我大学时的男友是我们专业的学长，那时刚服完兵役回来复学，我上大一。复学学长和大一新生的恋情，很老套，对吧？适逢校园庆典，我在我们专业的餐饮摊位做了一整天的下酒菜。当我和同届的女生们在做葱饼和火腿炒菜时，学长们在摊位上喝酒。做了一整天的葱饼，腰痛得厉害，摊位营业结束后，我便去专业办公室躺了一小下。我原打算稍微休息一下就起来，便设置了一个闹钟。刚好走进专业办公室的学长听到闹钟响了，可能想帮我关一下，就走了过来。看到我设定的闹钟提醒是"该起床啦，小公主"，他便跟我开玩笑说："你有公主病吗？"

有一天学长很认真地叫了我一声"小公主"，说要让我做一个真正的公主，让我做他的女朋友。连父母都未曾叫过我"小公主"，那一刻我非常开心。我觉得和他交往的话，总是困扰我的低自尊问题似乎也能得到解决。我不是很能辨别贫穷的味道嘛，那是因为我本来就穷，所以更了解。学长身上没有那种味道，和他交往貌似也不错。我之前也曾和家境不太好的人谈过恋爱，但因为两个人都穷，什么事都做不了。学长是一个富裕中产家庭的独生子，从小被爱包围着长大的他，性格开朗。不是有一种人嘛，没有受害意识，觉得世界很美好，我一直都很羡慕这种人。

未曾被无条件爱过的人，听到有人说喜欢自己便会感动，但同时也会想：要一直维持这种状态，就必须付出代价。那是因为自己从未因自己的存在本身被爱过。她们经常勉强自己，总是想要确认，最终变成了这个样子。我和学长在一起之后，在给他过第一个生日时，我做了鲜奶油蛋糕。我烤好蛋糕坯，抹上糖浆，倒入牛奶和鸡蛋，打发了淡奶油，然后放上了草莓。他看后非常喜欢，还拍了照片。但是为什么男生谈恋爱或结婚后就突然变成孝子了呢？听到他说"我父母应该也很喜欢这些……"，我便烤了满满一堆芝麻饼干和夹心面包之类的糕点，在父母节①时送到了他父母家里。因为他自己租房住，我还给他做了很多小菜，可以吃很久。真是的！ 20 岁的我，很可笑吧！

起初我做这些是因为我喜欢，但随后烤面包、做饼干、做小菜仿佛成了我的作业。放学后去打工，回到家后还要忍着瞌睡烤面包。那时的我自讨苦吃，只是为了得到爱，为了听到别人的称赞。想到这些，我真想拥抱一下过去那个可怜的自己。

认为自己做出了牺牲的人会在某一个瞬间突然爆发，他们的行为看起来似乎并无所图，但事实上

---

① 父母节即韩国的父亲节与母亲节，是韩国的法定假日，定于每年的 5 月 8 日。——译者注

他们比任何人都渴望得到回报，如他人的认可、关心等。就这样，我忍了又忍，直到有一天和学长通电话时，学长说："我妈妈要过生日了……要不要去看看她？"他的意思就是让我给他妈妈做个生日蛋糕。那个时候我忽然就清醒了：我明明是想当个公主，结果却像个仆人。想到这里，心寒不已的我大吼道："我又不是你们家儿媳妇，为什么要做？你不要把我做的这些事情都当成理所当然！"那个学长估计当时感到非常震惊，后来他曾小心翼翼地问我："你是女权主义者吗？"

现在我就偶尔做做面包，只有自己想吃的时候才会做一下。曲奇粉或者玛芬蛋糕粉超市里都有卖的嘛。用量都是现成的，只需要加入适量的鸡蛋、牛奶和黄油就好，又便宜又方便。就像意大利面一样，随便做一下都有模有样的。送礼物时，我也只是会在我真心想送，不勉强自己的范围内送自己能做的东西。过度的好意，不仅会毁掉付出的一方，也会毁掉接受的一方。不是有句电影台词嘛："你一直以来的善意，别人会视为是自己的权利。"我自己、我的心情才是最重要的，虽说有点晚，但我终究还是明白了这一点。

面对伤痛，更勇敢一点

我认识这样一个男生，他在现实生活中几乎没和女生交流过，但是经常会在网上接触女性。在他眼中的女性依附于男人、自私自利，结果他在同韩国女生恋爱方面自然产生了怀疑，有时还会表达自己的愤怒："比我差的男生们都在谈恋爱，为什么我就不行？韩国女生真是太奇怪了！"

我想起了我第一次去国外旅行的经历。每个国家之间巨大的文化差异，令我颇为吃惊。回到韩国后，我也一直在思考那些文化差异。慢慢地我开始关注那些韩国所没有的别国的优秀文化，以及韩国的不良文化。后来，我也去了一些别的国家，也曾旅行了一个多月而非两三天，经验的积累使我慢慢认识到了国家间的共同之处。我开始寻找一些普遍的共性的东西，对外国过度美化、对韩国一味否定的想法也逐渐消失了，因为我突然明白了：从大的方面来看，其实每个地方都差不多。

这个男生之所以对人要求甚高，可能是因为他基于自己有限的经验只关注到了事物的局部，结果被偏见所裹胁。虽然会有程度的不同，我们每个人都会遭遇一些不幸，像是出了交通事故。有一些人，即便过了很久依旧只在意那个伤疤，觉得自己时运不济，怨天尤人，无法从这种状态中走出来。对爱情或异性过度警惕，是否是因为担心旧伤未愈再添新伤？不过希望越大，注定失望就会越大。

电影《星运里的错》中的男主角奥古斯都对身患绝症的女友说："我们虽然无法选择是否受伤，但可以选择因谁而受伤。我喜欢我的选择。"我们要像他一样多一份从容，更勇敢地去面对伤痛。遇到一个允许我受伤的人真是一件非常棒的事，因为一个人只有在伤痛中成长才能变得更好。

装着装着就成真了

詹姆斯 - 兰格理论认为："不是因为悲伤而哭泣，而是因为哭泣才悲伤。"哈佛商学院的艾米·卡迪（Amy Cuddy）教授对这一理论进行了研究。她在自己的著作 *Presence: Bringing Your Boldest Self to Your Biggest Challenges*[①] 中称："就像心理改变身体一样，

---

① 此书中文版名为《高能量姿势：肢体语言打造个人影响力》。——编者注

身体也可以改变你的心理。"

她所研究的"冒充者综合征"是典型的情绪不安症状之一。该症状指患者本人认为自己的真正能力微不足道，同时又担心别人知道这一事实。奥斯卡获奖者、哈佛大学毕业生娜塔莉·波特曼（Natalie Portman）在毕业感言中如是说道：

> "今天我的心情和我 1999 年作为一名新生踏进校门时的一样。当时我还在想，我能站在这里是不是哪里出了什么差错。我想我又不是特别聪明，居然来到了这个了不起的地方，肯定是哪里出了问题。那会儿我每次开口都要证明自己不是个愚蠢的女演员。"

诸如上述备受"冒充者综合征"困扰的人，会贬低自己正在做的事情，或认为自己实际本没有能力做某事，只是假装在做而已，觉得自己就像个骗子。艾米·卡迪教授还表示，在我们周围像这种受"冒充者综合征"困扰的人比想象的要多，成就越高，越是大家眼中的伟人，就越担心别人发现自己的不堪。

艾米教授建议，在这种情况下要想改变自己的想法，首先要改变自己的态度。"presence"一词通常被解释为"存在"，但是艾米教授赋予了其更积极的意义，认为它是"调节后的心理状态，促使自己真正的想法、感受、价值及潜力达到最佳状态"。如果你的一举一动在别人看来充满了自信，那么不仅仅是别人，在某个瞬间你也会相信自己。

艾米教授认为姿势和肢体动作、表情和身体习惯决定了心态，这一观点在实验中得到了证实。四肢舒展，占据很大空间的姿势扩张型试验群体，和身体蜷缩、姿势畏缩无力的试验群体在激素数值上表现出极大差异。姿势开放积极的群体，其影响决策能力的雄性激素睾酮数值高达 19%；在受到压力时所分泌的皮质醇数值则下降至 25%。

肢体语言能将自己的意图信息传至他人，也会影响自己。如果你苦于缺乏自信的话，请你先试着昂首挺胸，提高自己的音量。努力确保自我空间的姿势会增添自信，甚至改变性格。如果你是因为低自尊而苦恼，请你先从无法令人感到信任的肢体语言入手。艾米教授表示，自己在入学普林斯顿大学时，也曾和娜塔莉一样，觉得自己不配站在那里，但自己表现得就像未曾有过这样的想法一样，随后便逐渐不再受其影响。我也经常会有这种体会。如果相信自己"是个有价值的人"并付诸行动，别人也会如是认为。如果你

一直暗示自己是个有价值之人，在某一瞬间你会相信
这是真的。

无须作答时请以笑代答

我在上文中提到过，经常能听到别人说我丈夫
"长得很面善"。在我看来，丈夫长得有点像电影演员
杰昆·菲尼克斯（Joaquin Phoenix），也有点像硅谷里
常见的东方书呆子。而我长这么大，还从未听到有人
说我"长得很面善"。小时候经常会听到别人说我长得
"不好惹"，最近则经常听到别人对我说"眉间的皱纹
您看看怎么处理一下"之类的话。不过和面善的人一
起生活，我貌似受到了一些负面影响。

我丈夫和我曾在同一个班里学习普拉提，普拉提
教练望向我丈夫的眼神总是带着一丝心疼。我虽然感
到有点不舒服，但想着可能是我太敏感了，便没再追
究。不过最近教练问我："您和您老公应该不经常吵架
吧？"因为确实是不怎么吵架，我便回答是，教练随后
带着意味深长的微笑，再次问道："您的老公经常让着
您吧？"我看了丈夫一眼，他还是像平常一样礼貌微笑
着，一副"人畜无害"的样子。我想就算我说"不是

的"，教练也不会相信，便一笑而过了。

妈妈每次看到我都会说"趁着他在你身边，你要好好表现"，姨妈们会对我说"老好人一旦发火真的很恐怖"之类的话（脾气不好的人发起火来不更可怕吗?）。对此我如果表现得一脸严肃，她们便会说我不好，而我如果说我对丈夫很好，她们也不会相信，这时我也只能一笑而过。我们不是在任何情况下都需要一本正经地去回答一些问题，有时候不加解释，以笑代答便是最佳答案。

第 4 章

养成不被负面言论打倒的习惯

要惯于不为负面言论所压制

身边朋友陆续都生了孩子，听了她们的抱怨，我感觉韩国妈妈们真是"压力山大"。人们不单单是将妈妈们称作"妈虫"来贬低整个母性群体，在育儿方面也是横加干涉。妈妈们甚至还会经常遭到陌生人的训斥。妈妈自己一个人带孩子在别人看来可能比较好欺负。孩子是个男孩的话，他会说家里得要有个女孩；有人还会指责说怎么不给孩子穿袜子。我为什么要听一个素不相识的陌生人说这些呢？

不仅是路人会如此，亲朋好友也会劈头盖脸地提出这样那样的问题。在社会上越是弱者，越是少数人群，就越会遭到铺天盖地的提问。从"为什么不……"开始，接下来便是"我试过，所以知道"，最后往往以"像你这样说话的人注定要后悔"结尾。人们大都倾向于用自己的经历去理解他人。有人打着"关心"的旗号干涉他人生活，告诫他人。听了他们的逻辑，你会发现这些人大多数深信自己所言便是对的，丝毫不加怀疑。

有时需要和无礼之人争辩，但我们不可能总是如此。因为人的精力是有限的，而思考负面的东西会比思考正面的东西更耗费精力。另外即便我表现出不高兴，对方行为因此而发生改变的可能性也极低，这种情感消耗就像竹篮打水般徒劳。

如果家中长辈或职场领导经常说一些伤害自己的无礼之词，现实中我们很难对其发火。他们的建议是出于一番好意，对此我们不便拉下脸，但若要一味忍受，自己又要憋出内伤。我们应该事先准备好既能避免互相伤害，又能结束对话的自用专属语句。这种情况下我一般会说两句话，即"原来您这样想啊"和"我会看着办的"。

身处自己不想面对的情况时，"原来您这样想啊"是一种保持距离之词。对方所言自己完全不赞同，但情况又不允许和对方争论，这时看着对方不带感情地说出这句话可有效结束对话。把重点放在倾听本身，回应道："原来还可以这样看啊。""原来您这样想啊！明白了！"两代人的经历和所处环境不同，想法自然也会不同，自己的想法甚至可能会改变，也可能是自己错了。"原来他这样想啊"这种不带感情的认知，会提醒自己不要回击对方，也不要对自己赋予过多的意义。如果把人生中遇到的消极言语都放大了去感受，精神力量将会消耗殆尽。

在你不想回答也没必要回答时，"我会看着办的"这句话非常有用。对方的话是爱还是关心，是干涉还是训诫，听的人一清二楚。"你什么时候结婚？""你在好好攒钱吗？""有没有给丈夫好好准备早餐？"人们反复向你提出诸如此类的问题，而你如果不再想回答的话，就微笑着说："这些我（我们）会看着办的。"

即使遇到不想面对的情况也不要气馁，每天要尝试练习果断又不失优雅地拒绝。使用自己的专属拒绝语句，会有助于减少人际关系带来的压力。此处有两大核心要点——"不要事事受伤"和"不要被牵着鼻子走"。米歇尔·奥巴马在民主党全党大会上间接批评了特朗普攻击他们夫妇的行为，她这样说道："当他们往道德低处走时，我们要坚持向高处前行。"（When they go low, we go high.）

不因毫无爱意的批判而受伤

我是个常看别人眼色的人。别人说一点不好听的话，我便会过度反省，就连路人的随口之言也会让我反思良久。如果听到有人说我所属集体的坏话，我还会努力解释说自己不是那样的人。当我听到有人说

"韩国女生约会不掏钱""女大学生酷爱名牌"之类的话时，即便我在实际生活中并没怎么遇到过这类女生，我仍会强调"很多人是那样，但我不是"。

但是渐渐地，频繁的歉意令我越来越感到不舒服。我开始分析这些话是饱含爱意的批评，还是以担心之名来给自己立威之词。认真想来，我自己也曾在并不了解的情况下说过很多话，说这些话有时是因为缺点比优点更容易被看到，有时是在批判对方时会感到一丝优越感，有时只是出于好玩，有时则是因为羡慕。如此说来，别人对我的批评是否也是出于同样的心理呢？我开始把那些毫无爱意的批判、习惯性的悲观、缺乏洞察力的忧虑一一过滤掉；几年下来，我有了自己的标准。

首先，要确认这些话是否出于爱或关心，如果答案是否定的，自己则要努力变得淡定。平时难得一见的亲戚在逢年过节见面时问的"什么时候就业""什么时候结婚"，只是因为无话可说随口的寒暄而已，此时无须介意，只需出于礼貌回答"得抓紧啊"即可。面对那些为树立自己权威而提问的人，无视他才是上策。这些人经常会说一些无法验证的话，如"我们那时候没有这样啊"之类。

　　我们需要去怀疑大家口中嚷嚷着的那些"大事"是不是一直以来都存在着的小事。大家都说受智能手机影响，个人主义愈发盛行，沟通变得越来越困难，但在 20 世纪 70 年代电视普及之时，大家也曾担心传统社区遭到破坏并为此而紧张不已。此外，最近人们还说流行语或缩略语导致了几代人之间的语言交流障碍，语言遭到了愈发严重的破坏，但在 20 世纪 80 年代也曾有新闻报道因年轻人使用了"屋掉饼 ①"等词，而将其视为问题，发出了声声叹息。

　　我们还要分析对方所提问题的普遍程度是否被夸大了，是否属于过度担忧。当听到"现在的大学是不公平待遇的殿堂""现在的孩子没礼貌"之类的话时，不要马上附和，要先确认其说话的依据和意图。"最近×××如何"之类的说法大多是毫无根据的轻易断言，对方虽表现得很担心，但多数情况下实际上是为了凸显自己的权威，体现自己的优越感。

　　为了聆听重要的声音，就必须降低周围的噪声。间或有人妨碍到自己时，就要大喊一声"嘘"，否则自己的声音将会被湮灭，无法为世人所听到。

---

　　① 屋掉饼："屋顶掉下的豆酱饼"的缩略语，指相貌丑陋之人。——译者注

锻炼心灵肌肉

"姐姐，你觉得活着有意思吗？"一位因自己近期状态而苦恼的后辈向我倾诉。她说最近什么都不想做，还说即便做了生活也不会变得更好，不知道为什么要继续努力生活下去，感到自己周围的人际关系毫无意义，想要放弃一切，这种抑郁感一直困扰着自己。我回答说："当然了，这样的想法谁都会有过那么一两次，会想自己怎么这么让人心寒啊！"后辈惊讶地说："我还以为姐姐你不会那样想……，姐姐你不是很开朗吗？"

让自己在别人眼中看起来很不错，这多容易啊！人们似乎有种错觉：自己戴着挑选好的合适面具生活在世上，而别人却卸下了伪装。明明自己不喜欢被轻易定义，却又经常对别人妄加判断。我现在有工作，结了婚，还经常笑。有人看到这样的我会说："你现在应该是无忧无虑啊。"但正如失业、未婚并不意味着不幸一样，看似不错的人生也并不能代表全部。幸福就像夏天路上吃的冰激凌，短暂美好转瞬即逝。

就像躁郁症患者一样，我时而觉得"我还不错嘛"，时而又觉得"我为什么这个样子啊"，两种情绪反反复复。对未来的恐惧和不安，和他人的比较和嫉妒，想要成为他人，对自己一而再再而三的失望，对爱和认可的渴望，幼时的伤痛等，总是源源不断地涌出。我想不以物喜，不以己悲，少受点伤害，有尊严地活着，但至今从未实现过。环顾四周，大家似乎都有类似的烦恼。

我们周围随处可见如何管理身体健康的话题，但为何很难找到有关心灵健康管理的话题呢？如果有人说"我身体痛"还没关系，但如果说"我心痛"便会让人觉得这是一大弱点。但就像感冒会在身体虚弱时袭来一样，抑郁症是否也能被视为是一种心理脆弱时袭来的感冒呢？这样的话，即便抑郁找上门来，也有希望会马上好转。

神经精神科医生河智贤教授说："所谓的不安不是要清除的东西，而是需要管理的对象。"就像对待一不留神就会发胖的身体一样，我们也应该以类似的眼光去对待心灵。实际上，人们维持正常体重的秘诀，不在于了不起的意志，而在于人们关注身体和健康。人们喜欢穿的衣服紧了就会意识到"该减肥了"，中午吃多了晚上便会不吃或少吃，还会定期做运动来增强体质。人们自然而然就会接受这样的事实：吃多了会长

我想不以物喜，不以己悲，

少受点伤害，

有尊严地活着，

但至今从未实现过。

环顾四周，

大家似乎都有类似的烦恼。

肉，经常运动肌肉会发达。相反，患有饮食障碍的人会被"任何时候都要苗条"的强迫观念所束缚，会反复出现拒食、暴饮暴食、呕吐等行为。

因此，我们需要锻炼心灵肌肉。锻炼心灵肌肉并不是要达到没有感情起伏的状态，而是要获得忧郁袭来时能迅速好转的康复能力。这种康复能力与人们所希冀的自尊感密切相关。

自信之人不执着于他人的评价

韩国知名作家朴婉绪四十岁时在《女性东亚》杂志社主办的长篇小说大赛中以作品《裸木》参赛并以此步入文坛。作家在战争时期的美军肖像画部门遇见了画家朴寿根，小说以他的故事为原型创作而成。选择了《裸木》的评委们在称赞朴婉绪的同时，也预言她将成为"仅有单部作品的作家"，他们认为该作品是基于作家特殊经历的文学创作，这部处女作也将成为其最后的作品；颁奖典礼时，推举了朴婉绪的评委们也并未出席。"我本来期待能亲自从推举我的那些前辈作家那儿得到些鼓励，未料期望落空，我心中倍感失望。"她在之后出版的散文集《世间美物》中如是写道。

　　朴婉绪称，回想起初入文坛时的不祥预言，自己也曾担心预言成真，一度感到不安。作家在步入文坛之后确实有很长一段时间没接到约稿，但她并未放弃，继续创作，随后活跃在文坛，出版了长篇小说《那么多的野菠菜都让谁吃了》《那座山真在那里吗?》《非常久远的玩笑》，以及散文集《教你害羞》《妈妈的木桩》《日落的插图》《孤独的你》等。作家以战争经历为背景、以中产阶级生活和女性回忆为素材的小说创作，一直持续到她因癌逝世之前。2011 年朴婉绪因其文学成就被韩国政府追授韩国金冠文化勋章。

　　作品兼具艺术性和通俗性，有"韩国村上春树"之称的金衍洙也曾有过类似的轶事。金衍洙在 1994 年凭借《指着假面行走》获得了第三届作家世界文学奖，正式开始了其文学创作之路。他在出版了第一部作品之后，有人以"预感他生涯短暂"为题发表了极其尖锐的评论，评论称不知作者还能写出来多少小说，有人想看笑话的话就来看这部作品。这篇评论是唯一一篇对金衍洙首部作品进行的评论。

　　金衍洙虽然失望但并未放弃。他在自己的散文集《小说家的工作》中这样写道：

"尽管如此，作家们是不会轻易倒下的。因为对作家而言，写作过程与作品一样重要。作品和作家同时被创作，作品完成的瞬间，作家的一部分也得以塑造。这个过程在任何情况下都不会失效。即使国家焚毁了某个作家的作品，也无法使他回到写作前的状态。一个作家只要是呕心沥血完成过一部作品，他就会了解不惧任何匕首的力量之源泉。"

人生很是有趣，曾对金衍洙做出"预感他生涯短暂"的评论家现如今再也不写评论。

人们总是喜欢预言、喜欢预测未来，对身边人亦是如此。人们经常会对家人、朋友、公司同事说"你是什么样的人""你会如何"之类的话。这种话听多了，当事人也会慢慢相信好像真的是这样。每当我听到有人提出"这个婚，我能结吗""我可以去考公务员吗"之类的问题时，我都会在心里想："他既然这样问别人，估计就迈不出那一步。"摇摆不定的人很容易接受别人的评价和建议，内心自信的人在别人提问时就已经着手开始了。

日常生活中如果有无礼之人评价你的话，你可以心想着"原来他这么想啊"，随即轻松翻篇即可，没必要想着"他说的也许是事实"而感到不安。他不了解你，也不会认真思考你的事情。几年之后你若问对方"你这样说过，还记得吗"，他肯定不记得。反复思量这些话的你，不觉得自己委屈吗？完全了解自身的人只有自己，自信之人不会执着于他人的评价。每当我因他人的评价想要动摇时，我都会暗下决心："做自己的事，让他们说去吧！"

勿在公司找导师

"公司本来就不是一个美好的地方。当你认清了这一点，下定了决心的话，反倒会发现一些闪光点。"

我在阅读首尔大学医院精神健康医学科尹大贤（音译）教授所著的 *Fix You* 一书时，这段话让我感同身受，便折起了这一页。对公司期望太高的话就总会抱怨："公司怎么可以这么对我？""上司怎么可以这么对我？"心中有憧憬，并努力使世界变得更好，这固然好，但也要考虑到公司这个组织的特殊性和局限性，不然努力终将白费，因为公司原本就不是"家"一样的地方。

我工作了近十年，遇到过很多人。我从刚开始团队里资历最浅的小兵，后来成了上有前辈下有后辈的中间人士，到了现在团队成员则大部分都成了我的后辈。当了管理人员之后，我才明白了在工作前三年未能意识到的一些事情。我们经常能看到在工作中受挫的人，当然他们当中有很多是因为公司制度方针的不合理；不过公司本身不过是个追求利益的集合体，在公司碰到一些坏人或是公司发展方向与自己预期不同，都是很正常的事情。听起来可能有点不近人情，但实在不合适辞职即可，没必要感到自责或是痛苦哭泣。

职场上司"本来"就不是你的导师，人并不会随着年龄和经验的增长自然而然就变得更睿智。虽然我们都希望上司能像电视剧《未生》里张克莱的导师吴相植课长一样在背后默默地照顾自己、信任自己，但这样的角色只存在于电视剧里。你以为很强烈地提出自己认为不合理的地方，上司就会理解吗？绝无可能。上司也是人，他们也会受到上级的业绩压力，他们也只是会担心自己能干到什么时候的平凡上班族而已。因此如果被后辈指责，即便是合理的批评，他们也只会感到反感。绝对不要挑战上司的自尊心，即使受到了不合理的对待也不要在众人面前公开抗议，必要时可以等自己冷静下来后单独找上司谈话。在轻松的氛围下以谈心形式向上司提出疑问的话，可以避免一些不必要的感情消耗。

另外我们需要铭记：职场同事并非你的朋友。人们总是会对公司同事寄予太多的期望，如果是同时入职的同事，他要能既不威胁到自己的位置，又要保证一定的工作业绩，以免工作落到自己头上，还要能在公司聚餐时和自己一起吐槽公司和上司。做不到这些，大家就会认为这个人很有心机。后辈亦是如此，既不能威胁到自己的位置，又要有适当的业务能力，人要识趣，能做好本职工作，同时还要保持谦虚。否则，大家就会认定他是个自以为是的无能之辈。若心中怀着对同事的理想预期，并执着于此的话，便会导致公司内部拉帮结派，又或是落得个折磨后辈的刻薄前辈之名。自己对同事们满怀期待，结果当后辈辞职，或得知一同入职的同事在背后说自己坏话时，自己在感到"被背叛"的同时也会受到伤害。但公司本就是利害关系错综复杂之地，朋友还是在公司之外找吧。

如果你把公司名片上的你等同于你自己的话，当曾经守护你的名片消失时，你将会不知所措。不要对公司或公司里的人赋予过多的意义，也不要寄予太大的期望。如果公司是个能够帮你提升自己，又能助你找到知心挚友的好地方，那么从一开始应该就不会支付工资吧。世间诸事皆是如此，所有的关系都只有在双方利益关系一致时才能维持下去。如果大家能认识到公司不会对自己负责，公司里的人际关系只是暂时的，那就没有必要为难工作中遇到的人了，也不会在倾情奉献后因背叛而痛哭。除了公司名片之外，还要在外积极寻找能证明自己的事情，除了公司同事，还要努力结交新朋友。对公司保持着中立客观的态度来开展工作，有益心理健康。

职场上司目中无人怎么办

"你脑子好像不太好使。"听了这话，我脑袋里的保险丝仿佛"啪"的一声断掉了，拿着手机的手颤抖不已。那时我刚从杂志社的记者转到一家大企业网络宣传代理公司不久，制作完公司大型活动的宣传方案，在跟负责人确认的过程中，对方的反应有点过激。

刚到岗的时候，负责工作交接的人给我建议："他很认生（？），刚开始会经常找你碴儿，也总会发火，后面信任你之后会对你很好的。"他还告诉我，对方在六个月后应该会进入稳定期，但在那之前为了"驯服"我，他可能会很挑剔。我感到真是荒唐，原来在这种规模的大公司里上班的人平时工作就是面对弱势的"乙方"，所以要对我们进行这样的训练。

负责跟我交接工作的那位员工因脑袋里长了肿瘤而休假，我的上一任上班三个月就因压力导致视力出现问题辞了职。这些先例都让我做好了充分的心理准备。为了不被抓住把柄，我更加认真细致地工作，但就是在这种情况下我听到了上边那句话。我只是想要再次确认一下他说的内容，这也并非什么大的失误，结果他对我恶语相向，那句恶毒的"你脑子好像不太好使"令人备受摧残。当时为了配合他在国外出差的时间，我是在晚上 11 点打电话进行的确认。听了那句话，我整个人完全崩溃，那晚也因为伤心过度而失眠。

如果说我不讨厌他那是假的。在很长一段时间内，每次到了必须要联系他的时候，我的脑袋就变得沉重无比。没礼貌也得有个限度，对这种目中无人、有着很强的权力意识的人，我能怎么应对呢？即便我采取了措施，他也一定会不为所动。自己只能默默承受，这一事实一直折磨着我却无能为力。此外，每次他为了"驯服"我说话很冲时，我都会感到畏缩。有时他自己觉得训斥得过分了，又会在大家面前大力夸奖我。

慢慢地我变得像只宠物狗一样对他察言观色。他表扬我时，我一整天都很开心；他发火的话，我整个人都会变得很压抑。

他所说的话开始像影子一样令我无法摆脱，就在此时我听到了一直以来颇为喜欢的智光大师的演讲。一个女学生向大师吐露自己的烦恼："大师，我总是会想起别人对我造成的伤害。我在高中时曾遭遇过校园暴力，无缘无故被别人骂，因为对方是男生，我怕被打也没敢还击只能默默忍受。一年过去了，我还是经常会想起这事，太痛苦了。"我感觉这就像自己的故事，心里难过不已。大师问道："如果你走在路上，有人突然给了你一个东西，你以为是礼物。打开一看，结果发现是垃圾，那你会怎么做呢？"女生回答道："我当然会扔到垃圾桶里。"

大师接着说道："恶言恶语就是言语中的垃圾。所有的言语并不都是一样的，其中也有垃圾。你无缘无故被对方丢了垃圾，那么当你意识到那是垃圾的时候就应该立刻把它丢到垃圾桶里。可是你却把垃圾捡了起来并随身携带了一年，还经常把垃圾袋打开瞧一瞧。也就是说，你嘴里一边说着'你怎么可以把垃圾扔给我'，一边却又紧紧攥着那垃圾。对方扔了垃圾后已经走远了，现在也请你把它丢掉吧。"

虽然没能一次就成功，但我开始努力扔掉自己收到的话语垃圾。被不值得的人左右自己的情绪，这一点尤其让我感到不爽。

我努力在心里想道："虽然你向我扔了垃圾，但我并没有收，那么垃圾就是你的而不是我的。"跟他一起工作虽无法避免，但为了不被他掌控，我在心中画了条界限来面对他。如此一来，慢慢地我的喜怒哀乐不再被他的话所左右，不管他是称赞也好，批评也罢，一想到这些都不是自己的东西，受到的伤害也就减轻了。不管他说什么，我都不为所动地回答："好的，我知道了。"随后转头就忘掉。

人就像 Wi-Fi 一样，无形之中会有能量和气场的流动。看到我这番表现负责人有些无措，似乎觉得我不是那么好欺负。当我不再渴望得到他的认可之后，他反而开始在意、尊重起我来。之前他驯服过的"乙方"到了这个时候，肯定都会唯唯诺诺，变成他期待的样子，可我并未能如他所愿。随着时间的流逝，我们作为合作伙伴，虽称不上完美，但在工作中慢慢找到了平衡点。他对我和我的公司十分满意，希望继续合作。就这样一起工作了两年后，我们欣然地互相道谢分道扬镳。现在我想起他，心中不会再起一丝波澜。

生活中偶尔可以看到一些随地扔了垃圾就走的人；面对这些人，有的人会笑，有的人会板起脸，也有人会变得软弱无法应对。当权势关系非常明确时，当遇到那些无法沟通的人时，我们总会带着一颗受伤的心，久久地回味伤痛。因为我们的无能为力，只能带着"我应该这样那样说的"的遗憾陷入无边的悔意。我想把这个方法推荐给这些痛苦之人：无法回收利用的垃圾就不要哭着保留它，果断扔进垃圾桶吧！

远离"自尊心小偷"

每次升学换班时，结交新朋友这件事对我而言，不只是个负担，还常令我感到恐惧。大家应该多多少少都有过这样的经历。为了能持续融入朋友间的小圈子不知撒过多少谎。小时候因为朋友占据了我生活的大部分，我的快乐和伤心也大都来自他们。小学时孩子们会轮流去排挤某个人；为了不被排挤，我不知付出了多大的努力。

受大众媒体的影响，我们被"终身朋友"一词束缚了太久，人们把不管在任何情况下都维护彼此关系的行为视为"义气"。但现在大家的关注点不同，见面也只能聊聊往事，无法进行更深入的交流。每次回家之后即便感到有些失落，依旧会在聊天群里说"今天真有意思，下次再约吧"。

恋爱亦是如此。即使知道这个人令我觉得痛苦，但是一想到"都交往这么久了""是我太自私了才会觉得难过吧"，还是会把这段关系继续下去。但是这个世界上有一种人，就像是在我身上插上了吸管一样，会吸走我的精力，他们就是"自尊心小偷"。

有时候人跟人在一起会变得更强大。有人跟我一起看喜欢的东西，仅凭这一点，我就会觉得无论开多久的车都不会累，存款都花光了也没关系。

这是吉本芭娜娜的作品《海的盖子》中的一句话。我把第一句话给改了一下："有时候人跟人在一起会变得更弱小。"好的关系会增强人的存在感，让人有能做好任何事情的勇气，但不好的关系会让人变得畏畏缩缩、小心翼翼。如果能回到过去，我想对身处不良关系中的自己说："和他分开。现在没办法马上分的话，先保持距离。"

我在身边见过不少人在一段关系中觉得不幸，但又无法分开，自尊感也因此越来越低，后来更是连分手的念头都不敢有。随着年龄的增长，操控自己的人由父母变成了朋友、恋人、上司。一个人如果缺乏在人生某一阶段的关系中掌握主导权的经验，在成长过程中便会被身边的他人所左右，他们便是相处得越久就越邪恶的自尊心小偷。

首先，是把自己当作情感垃圾桶的人。父母与子女之间，特别是感情深厚的妈妈和女儿之间这种情况尤为常见。很多妈妈一跟丈夫发生争吵，就在女儿面前骂丈夫，在习惯性责难老公的同时，觉得女儿应该接受自己的负面情绪。如果子女不想听，妈妈就会责怪子女说"和你爸一个样""真自私"。但孩子不是为了成为父母的情感垃圾桶而出生的。若在这样的父母膝下长大，小时候没有办法，长大了就应该尽快自我独立。否则就会被控制，被情感绑架，无法过上想要的人生。在朋友和恋人的关系中也有很多人在很多时候只会诉苦，或者当我抛出一个话题，他会马上话锋一转回到自己的问题上。如果对方经常如此，并非因为有什么事情才一时这样的话，请你和他保持距离。这样的人不成熟，他深陷于自己的不幸之中，没有余力来尊重你。

其次，跟动不动就喜欢说"我本来就这样"的人待久了也会有副作用。所谓的关系从一开始就不是单方面的一味忍让，而是双方通过双向付出来获得彼此想要的东西。当然双方可能会有不合拍的部分，也可能会发生矛盾。人与人之间的关系只有在不好时才能看清其真面目。当双方的利害关系不一致时，声称"我本来就这样"的人，是一个以自我为中心、共情能力低下、会给别人造成伤害的人。通常在这句话之后还省略了这样一句话："所以你要理解。"所谓的关系需要双方共同努力去维护，但凡明白这个道理的人是不会说出这样的话的。另外，说自己"本来就这样"的人，他非常清楚自己在这段关系中是强势一方的事实，并且恶意利用了这一点。

最后，面对那些说"我不是不记仇嘛""我就是有点四次元嘛"的人也要小心。说这些话的人一般是想到什么说什么，若无其事地指责批评他人，并认为这是"心直口快"的表现。但其他人不对他说"你很没礼貌"，并不是因为其他人虚伪，而是因为他们知道人际交往是有界限的，出于对对方的礼貌才缄口不言的。这种人通常会持双重标准，严于律人宽以待己，会使身边的人疲惫不堪。他们经常指责别人，而自己一旦受到指责就会失去理智，勃然大怒。待在这种人身边，会经常受到指责，自尊心会备受打击，该说的话说不出口，只能把委屈一次次地咽到肚子里去。

成为大人的好处之一就是对自己讨厌的人可以选择少见，对于友情也不再那么执着。我曾和喜欢之人建立起更深层次的关系；也曾观察过在一段不良关系中的自身状态，随后懂得了决定幸福感的不是关系的数量，而是关系的质量，深层次关系和共度的时间并不成正比。现在我在人际关系上已不会再勉强自己。虽然很久之前彼此就熟识，但一旦觉得这段关系令我感到不舒服，我就会先暂停交往；我会对那些说话尖酸带刺的人提出多次警告，如果对方变本加厉便终止这段关系。同时我会为了尽量将好人留在身边而努力，不知不觉间，我发现经常会有更好的人向我走来。我觉得所有的关系都是会变的，因此常常为之付出努力。

诗人郑玄宗的《访客》一诗中有这样一段：

有人来到你生命里，
其实是件了不起的大事。
因为
他的过去和现在，

还有未来，

都会随之而来。

我们在人际关系中会受到他人的影响，同时又会把这个影响带给别人。人给人造成的影响其实是非常大的，因此要像在宝箱里放置宝石一样无比慎重。

看到那些因身边人而哭泣的朋友，我总想走过去告诉他："你比他珍贵多了！去找一个能令你开心而不是哭泣的人吧。"

结婚不是为了做家庭主妇

"即使吵架，即使有再让人生气的事，也会给老公做早饭。"这是我在婚礼上听到的新娘誓言。听到这里人们笑着鼓起了掌，但我的脸却僵了，脑海里浮现出了几个问题："明明是双职工家庭为什么非要妻子给老公做早饭？""为什么不管有什么事，做饭必须排在第一位呢？"新郎是不会说出这种誓言的。

我知道我认识的那位新娘既善良又重情义，她说这些话可能纯粹是出于想要照顾自己心爱的丈夫。我以前就认识她的丈夫，听到这句话而开怀大笑的他也不是一个大男子主义。婚礼现场点着头的双方父母，鼓着掌的宾客应该也都会认为这是一片温馨的"好意"，因为别人都是这样做的，和睦美满的家庭一般都这样。

但是正如"通往地狱之路充满了善意"，日常生活中的很多不合理之处均是如此。普通人看样学样，揣着好意对不同的人区别对待，带着偏见重演着陋习。像家庭暴力之类的犯罪，受害者和加害者明确，人们容易达成共识，认为这是个问题，会共同寻找解决方案。但男女不平等之类的话题却在传统、惯例的旗号下，以弱者的牺牲和大众的旁观为养分，在日常生活中深深扎根。

有着"超现实主义网络漫画"之称的《媳妇过渡期》以新媳妇闵莎琳为主角，描绘了她和丈夫武具英及婆家的生活日常。他们相互照顾，彼此牵挂，每个人都在尽力扮演好自己的角色。表面上看来这个家庭没有任何问题，但是仔细深究就会发现这个家庭就像长了霉斑一样，处处充斥着不合理。

媳妇闵莎琳吃着残羹剩饭，婆婆则在一旁问：你要给你丈夫准备早饭，不出差不行吗？男人在房间里喝着酒，她却因为要准备祭祀，离不开厨房半步。其实并不是婆婆讨厌闵莎琳，而是因为她自己就是这样过来的，便认为这些都是理所当然。而丈夫武具英只是一个不希望产生家庭矛盾，希望将好的一面展现给父母，为此在某种程度上希望妻子做出牺牲的"普通"韩国男人。

《媳妇过渡期》并未把这一现象视为问题，或是通过善恶对比来批判恶人的方式进行描述。它只是把看似无处不在的日常场面截取出来展示给大众而已，而家庭内部存在的男女不平等问题则是那些忠实于自己"角色"之人所酿成的悲剧。

读者们在主角闵莎琳的日常生活中发现了自己的影子，找到了不合理之处，开始提出这样好像不对。大家慢慢开始醒悟：自己不应该只是活着，而是为了更好地活着，必须向"原来就那样"的说法提出疑问。

如果有人问我"你给老公好好做早餐吗"，我会先微笑。我知道他的意图，他并无恶意。这一问题的前提本身就是错的，而他并不清楚这一点，因此我并不想对他进行攻击。但我如果回避这个问题或如他所愿回答了"是"的话，他还会到别的地方提出类似的问题，所以我会这样回答：

"我结婚不是为了做家庭主妇，我老公也不是因为早饭才跟我结婚的。"

稍微带点傻气会更方便

我很擅长在一些情况不佳时努力找到笑点。生活中有很多既搞笑又伤感的情况，在这个时候开点小玩笑，可以让气氛缓和一点，不再那么凝重。因为开玩笑同时意味着与之保持了距离，也可以成为判断心理状态好转的标准。

我觉得幽默能让人在疲惫的日常生活中喘口气，因此常常会开一些小玩笑。我曾因交通事故全身受了重伤，只能躺在床上动弹不得。那时我观察着医生的神态和动作，经常会开一些玩笑。我下肢没有感觉，问医生什么时候能好转时，骨科主治医生回答我："请你不要老是让我解释一加一等于二这种问题了。就算无法完全康复，瘸一点也没关系，能有什么问题嘛。"很长一段时间我都把医生说的这段话当成我开玩笑的素材。我会模仿医生的语气，对看护人员说"我得一直解释一加一等于二这种问题吗"，逗得大家开怀大笑。如果当时没能找到乐子的话，我的悲伤估计还会持续更久。

　　我经常会讽刺一下社会现实或说些无厘头的笑话，慢慢地别人觉得我有点像"二傻子"。当把自己定位为"搞笑之人"之后会有很多好处。尤其在一些严肃且无法坦率直言的情况下，半开玩笑般表达出自己的真实想法，既不会破坏气氛，往往还会得到想要的结果。

　　我饶有兴致地听着喜剧演员金淑在新人时期的小故事，觉得我和她的经历有不少相似之处。在新人时期如果前辈们指使她做本不该她做的事情，为表示自己的不情愿，金淑会故意说一些不着边际的话。比如前辈们让她去买冰激凌，她会说"我不喜欢吃冰激凌"或者对前辈们说"优雅老去了呢"这种玩笑话，前辈们都说她像个二傻子。

　　当我看到有人发表一些专制或不合时代的言论，会开玩笑说："现在是几几年了？到昨天为止还是 2017年呢。"有时候下班后上司给我打电话，我接起电话会开玩笑说："我会向劳动和就业部举报的，不久你就会收到罚单的。"如果平时大家都觉得你喜欢开玩笑，那么就算开这种玩笑，别人也不会生气，貌似他们在想"她本来就那样""是个心直口快的主"的同时，会在不知不觉中反省一下自己的态度。我也是如此，当后辈们向我提意见时，相比于一本正经地提出，我更喜欢他们以半开玩笑的方式来表达，这样既不会令人感到不快，同时也会让我思考哪里需要改进。

要想会开玩笑，最基本的办法就是灵活运用近期的网络热词。现在网络热词的寿命短，更新速度快，我们需要紧跟潮流。2017年下半年韩国流行一种"学生体"，学生们口中的"真事？纪录片？""绝了""尿了"等词语一度盛行。在工作方面，面对客户的无理要求，和同事们一起说着流行语"这个情况是真事""这种程度的话客户得尿了"，哈哈大笑一番也就过了。

开玩笑时一般最好要表达得生动具体。即便意思相同，用一些更生动的说法会让表述变得更加有趣。比如将"请你想好后告诉我"换成"请你过过额叶后告诉我"。对头发乱糟糟的人说"你长得好像那个谁……（苦思冥想一阵）啊！想起来了，像上京的全琫准 ①"。这类表述会使人产生相关联想，让人觉得更加有趣。曾经有个客户要求我在极短时间内完成一项任务，我对他开玩笑说："就按您说的时间，当然可以，睡觉可以等死了再睡嘛。"

---

① 全琫准（1855 — 1895），朝鲜王朝末期农民起义领袖。——译者注

　　不过开玩笑时绝对不能触碰对方最在意、最敏感的部分。对身高比较矮的人绝对不能以身高来开玩笑；对于一些胖胖的女生也绝不能用体重来开玩笑。只有在那种大家都有想法但又不方便明说时找出笑点，或拿自己开玩笑，大家才会一起开怀大笑。经常这样开玩笑的话，自己很容易从惯于把事情看得很严重的思维中脱离出来，而人们因为和自己相处得很随意，也能轻松传达一些不太方便明说的信息。

　　开玩笑需要有豁达的心态。在开玩笑的过程中，你会突然明白之前自己光看别人眼色，有太多的话憋在了心里。我们过分在意别人的脸色，连对方很小的行动都会赋予一些意义，但人们最终只会看自己想看的东西。即便自己讲不出很有意思的玩笑话，也可以以一句"我也不能一直搞笑嘛，一直搞笑的话我不就成谐星了嘛"轻轻带过，只有对自己宽容一些，才能继续把玩笑开下去。这种幽默感的培养和勇敢表达自我也有关系，建议大家经常练习。

提升自尊心的性生活

　　我曾以"初体验"为主题写过一篇关于性生活的

报道。令我印象很深的一点是，我在采访过程中见到的大部分人对第一次的记忆都不太美好，他们大都会说"绝对不会和他发生关系了""不会再受气氛影响发生关系了""不会因为醉酒再发生关系了"。

女性们在有初次性经历时，往往会因为受到气氛影响，难以对恋人说"不"，便答应了对方。因此初次性体验不仅不会提升女性的自尊心，反而会伤害到自尊心。美国宾夕法尼亚州立大学的伊娃·莱夫科维茨（Eva Lefkowitz）博士研究发现，二十岁左右的男性在发生第一次性关系后，会提升对自己外貌的满意度，但相同年龄段的女性在初次性经历之后，其满意度会降低。

纽约协和神学院的玄镜教授上大学时，男朋友提出想和她发生关系，那时她便开始学习有关性方面的知识，随后她给自己设置了一些条件，如"因为喜欢才做""自愿做""和相爱的人做""彼此同意才做"等，当她觉得自己完全准备好时发生了关系。她和自己的第一个男人结婚了，但是丈夫却指责她在婚前就和自己发生关系，是个没有贞操观念的女人。对此，她在《从未来寄来的信》一书中写道：

"如果我说我是因为被他的逻辑所说服而与他发生关系的话，他肯定会气得跳起来。但不管他怎么说，我健全的个体他是无法触碰的，因为这是我尽了最大努力而做出的决定。"

玄镜教授甚至还说她大学时期所做出的那个决定成了她人生中的一个榜样。每当难以做出判断时，她便会回想起当时的勇气，从而获得力量。

如上所述，性经历和自尊心问题密切相关，有关决定将会在很大程度上影响之后的人生。我们身边依旧有很多女性尽管自己没有做好准备，但担心拒绝会令对方失望，便答应同对方发生关系。但如果连自己的身体都不能根据自身判断做出决定的话，那还有什么是可以自主决定的呢？如果自己的初次性经历都要迎合男性的话，以后在性生活方面就会产生"他是不是对我感到腻烦了""他会不会觉得我很轻浮"等想法，逐渐变得被动。女性往往不会将自己在性爱里的感受完全告诉对方，但如果性爱结束时感觉不到满足，那么可以说是对方在性爱中只是忠于了自己的欲望。

有位朋友告诉我："跟前男友做爱时，如果我说痛，他会说'稍微忍一下'，但是现男友听到我说痛，就会抱着我说'痛的话就不做了'。这还是第一次有人这样为我考虑。"她说因为现男友会珍惜自己，自己的自尊心也提高了。其实女性在性生活中需要表现得自私一点，要明确表明自身立场：没有避孕套不做，自己没准备好时不做。如果你这样做了，却遭到了男友的指责或不理解，那最好结束这段感情，他不配得到你的爱。

第 5 章

笑对无礼之人

对待无礼之人的方法

人活着必然会遇见无礼之人。他们给我带来伤害，令我不知所措，还会蹂躏我那为了生存苦苦支撑着的自尊心。最初遇见他们时，我只会号啕大哭，但是见得多了，处得久了，我有了自己的应对方法。面对他们时，我有以下几种方法。

第一种就是让他意识到他的发言有问题。我们虽有言论自由，但前提是不能损害到他人。当有人越界时，警告是应对语言暴力的最基本方法。当听到某人说话有严重偏见时，不要激动，可以说"别人听到可是会误会的呀"或"当事人听了会受伤的"。这里最重要的是说话不要夹杂感情，语气要尽量保持平淡。

第二种是通过反问使人客观地审视当前状况。反问时像不了解情况一样，一脸天真地去反问，效果会更好。例如，如果有人开玩笑说"那个人长得真是替别人考虑"，就可以反问："啊，是说那个人长得丑的意思吧？"这样一来，对方瞬间就会觉得尴尬，并会反思自己的表述。

第三种是把对方所说的不当之词直接用到他本

人身上。例如，如果有人说"老东西不是骂人，是我觉得亲切才说的"，便可还击："我也可以亲切地叫您老东西吗？"也可以用对方的逻辑来以其人之道还治其人之身。就像对说"胸小为什么要穿胸罩"的男人可以反问"那哥哥你为什么穿内裤"一样，对于用奇怪的逻辑攻击他人的人，要让他们能够换位思考。

第四种是敷衍地回应对方。育儿专家建议，如果已经反复向孩子说明了很多次，但孩子依然大喊大叫或耍赖的话，不要哄他。一句话也不说只是安静地看着他，或停下手上的活儿离开现场也是一种方法。这是让孩子在得不到支持的情况下，自行做出判断停止哭泣，这一原理对大人也有效。当你不想继续某个话题时，可以用"哈哈"或"是啊"等回答来结束对话。如果对方很过分，也可干脆不看消息或看后不予回复。如果是面对面地交谈，可以刻意反复使用"原来您这样想啊""嗯嗯"等语句表达自己的想法。

第五种是幽默作答。当听到一些迂腐陈旧的言论时，这一招尤为有效。当有人满嘴都是大男子主义主张时，可以对他说："哇，你怕是从朝鲜王朝来的吧，给我们看下常平通宝 ① 吧。"如果有人唠叨你，但话语中没有一丝爱意，只有对他自己的吹捧，你可以像开玩笑似的对他说："听说最近想唠叨别人得先付钱？"又或是："我父母也是努力了 30 年才放弃的，怎么样？有希望吗？"如此一来，对方便很难再继续说下去。如果觉得对方没有要停止的意思，也可以说"这个我会看着办的"，然后转移话题。不过能把开玩笑做到收放自如也需要下一番功夫，建议大家积累一些经验后再做尝试。

如果总是容忍别人伤害自己，自己便会变得软弱无力。碰到无礼之人，逃避并不能解决问题，要有自己的应对方法。当有人说"大家都说没关系，怎么就你特殊"时，我们要告诉他，表面上的一团和气是因他人忍耐或逃避而产生的假象。正因为弱者敢于对强者说"不管怎么说，这样做也不合适吧"，人类才创造了不同于以往的文化。正是因为人们对不合理行为的不再容忍，对梦想生活的不断呼吁，社会才发展到了今天。

---

① 常平通宝：朝鲜王朝时期的货币。——译者注

如果总是容忍别人伤害自己，
自己便会变得软弱无力。
碰到无礼之人，
逃避并不能解决问题，
要有自己的应对方法。

不是瑕疵而是生活划痕

大学一年级的四月，我在赛我网日记上这样写道：
"我人生的春天结束了。"

那天我被从高中就开始交往的男朋友给甩了。现在想起，虽然会哑然失笑，但当时还是很认真的。其实也没有大矛盾，只是年纪小，不太擅长表达自己的感情，不懂如何与异性相处。和我同岁的他也是一样。他并不是个坏人，但当他说"我们分手吧"那一瞬间，我开始厌恶这一切。

"我人生的春天结束了。"当我写下这句话的时候，我的人生真的结束了吗？当然不是。有些事只有随着时间的消逝才会更加清晰可见。20岁时面临的问题，大部分都是我人生中第一次遇到的问题，因此备感艰难，焦虑万分。那时别人好像都泡在温水池子里悠闲地享受生活，只有我在滚烫的热水池中大汗淋漓。

不仅是恋爱，在我与父母的关系上也是如此。我曾经一度坚信自己投胎技术不好，不会幸福。我对父母有期待，但现实中这种期待并未得到满足。对孩子来说，父母就是全世界；在这个世界里，如果不被关爱、理解的感受持续很久，就会表现为自我怜悯、极度渴望认可、情绪不安等。

对父母的负面想法让我无法肯定自己。我性格扭曲、缺乏自尊感的原因似乎也在于父母。我在和别人讲述自己的故事时，曾讲了很多父母伤害自己的故事。那些负面话语也曾一遍又一遍地在我耳边回荡。

但是事情已经发生，无力改变的我不能纠结于往事一直说个没完没了。长大成人后再哭着谈论儿时受过的伤，这样的人生不觉得太过可惜了吗？

我下定决心要从心理上摆脱父母，实现独立。我审视了一下自己发现，即便我放下父母，貌似也不会有什么大问题，反而有些地方会相当不错。应该说这些不错的地方一开始就有，但由于我囿于"我受到了伤害""伤害太大""不是失误而是失败"等想法，一直没能正视自己。因为一直执着于伤痛，结果便会忽略事情的本质。

我和丈夫去买结婚戒指时，店员问要 14K 还是18K 的。店员在讲解过程中，这样说道："不管怎么说，18K 的含金量更高，生活划痕可能会更多一些，不过婚戒大家一般还是选 18K 的居多，价格上稍微有点不同。"

我把店员说的"生活划痕"一词记在了心上，检索之后发现它的准确含义是"家具或家电产品在使用过程中不可避免出现的伤痕。"使用过程中不可避免出现的伤痕！我喜欢上了这种大胆直白的表述。相比之下，"瑕疵"的含义是指"物品残缺、破碎或损坏的痕迹，事物不足或错误之处，人的性格或言行中的不足之处"。

不管是瑕疵还是生活划痕，虽然一样都会有伤疤，但我认为其差异在于以何种视角来对待。人不也是如此吗？我们周围的环境不可能是完全隔离的无菌舱，无论是谁都会有伤痕。虽然自己做出了努力，但天不遂人愿，伤害和受伤的故事一直在上演，数不胜数。

就像戒指，除非好好保管在首饰盒里，一旦戴了就免不了会有生活划痕。活着难免会受到伤害，越是努力生活的人注定越会受到更多的伤害。如果这样理解失败带来的痛苦，是不是可以让自己更好受一些呢？那不是什么大的瑕疵，只是细小的生活划痕而已。

我走路有点跛，在交通事故中伤到了腿后就成这样了。起初我觉得我走路的时候大家好像都在盯着我看；在做康复训练时，也曾多次因为难为情想过放弃。每天晚上一想到不能再回到出事之前就泪流不止。但是我不能一直哭，也不能一直不走路。自从我抱着"哎呀，不管了，稍微跛一点又能怎样"的想法，走路便不再是很大的压力。因为不在乎别人，认真走路，所以现在的我好多了。

这样看来，人生可能需要有"没办法啊"这种超然洒脱。拼尽全力却未能如愿时，不妨把由此带来的伤害看作是因为活着而不得不产生的生活划痕。这样看开一点的话，自己在意的、纠结的东西便会成为动力。我的脚腕因交通事故留下了 7 厘米长的伤疤，我想什么时候要在伤疤顶端文个花朵文身，让整个伤疤看起来就像绽放的花朵一样。

有时不加努力会是最佳选择

高中时我同桌跟我说"男朋友踢了我肚子"，并给我看了她校服里青一块紫一块的肚子。她说她瞒着男朋友偷偷和朋友们去游乐场，结果被打了。当我建议她分手时，同桌说："男朋友除了偶尔生气会打我，其他还是很好的。"虽然同桌说"只要我做好了就行"，但随后她身上又出现了多处淤青。有时候是胳膊肘，有时候是脖子上。难道是因为我同桌意志不坚定、努力不够没办法改变那个男生吗？

我也从自身经历中学到了类似的东西。我曾经常警告偏执的前男友，他每次都会说要改，但自从我知道他经常偷看我的手机后，我们的关系就结束了。我还有过一个患抑郁症的男朋友，因为我爱他，便想要治愈他，那时的我觉得自己应该能做到。但是，和他交往的时间越久，我越觉得自己慢慢被卷入了黑暗的沼泽。直到有一天我意识到，因为他，我哭的时候远远多于笑的时候便分手了。

如果执着于"改变"对方，反而会增加自己变得不幸的可能性。每当对方未守承诺时，就会大吵大闹，随后又和解，这一过程反反复复，毫无意义。憎恨的火苗会蔓延至无法改变对方的自己，自己会变得软弱无力或引发对人类本身的厌恶。摆脱这种局面所需要的不是更多的努力和忍耐，而是要改变问题本身。

现在的问题是，"那个人除了这点还不错吗？""那么我该怎么做才能改变他呢？"这些问题本身就错了，应该问的是："客观来讲，他的缺点是否确实已成为问题？""即使他的缺点得不到改善，自己是否也能够接受？"人不会轻易改变，需要明确这一点，在此前提下问自己即便对方没有改变，自己是否依然能接受他。如果不能很好地做出判断，暂时先保持适当距离后再思考也不迟。在某些情况下，有时不加努力会是最佳选择。

勿一味听信他人之言

2016 年一部音乐剧电影《爱乐之城》席卷了整个电影界，包揽了第 74 届金球奖所提名的 7 大奖项。由瑞恩·高斯林（Ryan Gosling）和艾玛·斯通（Emma Stone）主演、达米恩·查泽雷（Damien Chazelle）导演的这部影片仿佛一篇唯美的抒情诗。寻找梦想的两个年轻人共同成长的故事虽然有点老套，但以音乐剧的形式演绎出来又十分细腻梦幻，使观众仿佛置身于迪士尼乐园。

达米恩·查泽雷导演在 2013 年发布的作品《爆裂鼓手》也是一部令人回味无穷的电影。我检索了很多有关他的采访，看了几篇下来发现在各采访中都有这样一句话：达米恩导演真正的处女作不是《爆裂鼓手》而是《爱乐之城》。达米恩导演早在 2006 年就完成了《爱乐之城》的剧本，但当时没有人乐意给他这个新人投资，就像世间诸事一般，事情无法推进总有无数个理由："制作经费耗资太大""音乐剧爱情电影行不通"，等等。达米恩导演只有保留《爱乐之城》，通过制作《爆裂鼓手》来证明自己的能力。

达米恩导演的电影处女作《爆裂鼓手》不仅收获了评论界的一致好评，还获得了高于制作费 12 倍的巨额收益。据说达米恩导演随后再次拿出了《爱乐之城》的剧本，每见到一个制作人都试着说服对方投资；当然剧本内容没变，情况却完全变了，当初无法投资的理由都不再成为理由。

韩国知名导演崔东勋也有过类似的经历。他写的第一部剧本是五名青年抢银行的故事。剧本完成之后他拿到电影公司，结果却遭到了拒绝。崔东勋称当时有一位剧本审核人对于剧本被拒给出了如下理由："主人公有五位之多，人物构成不合理，台词中脏话多。"但他后来自编自导的《汉城大劫案》《老千》《夺宝联盟》《暗杀》等作品的共同之处就在于有多位主人公、偷盗场面及脏话多。

就连导演朴赞郁也曾有过不堪回首的往事。1992年他以处女作《月亮是太阳的梦想》正式步入影视圈，剧中主人公是歌手李承哲，结果票房惨败。惨到什么程度呢？据说当时这部电影没有任何评论。导演李俊益证实称，后来有一部名为《无政府主义者》的电影本想交由朴赞郁导演执导，但当时制片人一致反对称："如果导演是朴赞郁就无法投资，换个导演可以投资。"结果机会让给了别的导演。就这样他五年之间都未能执导作品，后来终于迎来机会拍了《三人组》这部电影，但这次甚至比上次输得更惨。

曾执导《杀人回忆》《怪物》等经典名片的韩国导演界领军人物奉俊昊，也曾因处女作《绑架门口狗》的惨淡票房被认为是没有商业前途的业余导演。几乎是在同一时期，柳承莞导演也曾多次参加电影节或剧本大赛，但均以失败告终。据说当时奉俊昊经常对柳承莞说："我好像没什么天赋，我们要不去做面包吧？"那时慰藉他们的是前途未卜、艰难前行的朴赞郁经常挂在嘴边的一句话：

"有没有天赋不重要，重要的是自己要相信自己有的那份信念。"

听到别人的指责就去执着于改正自身缺点的话，优点也会慢慢一并消失。我们欣赏某人时，尽管他有缺点，但很多时候不正是通过放大其优点来感受他的魅力吗？如果将自己原本的闪光点刻意变成"别人会喜欢的点"，最终将无人会喜欢。

达米恩将自己喜欢的东西坚持到了最后，当有人说音乐剧电影行不通或是将结尾改成大众喜闻乐见的大团圆结局时，所幸他没有听信，这才有了如今的《爱乐之城》面世。崔东勋曾被人打击"我觉得你可能写不好社会黑暗面的故事"，但他没有放弃，坚持描绘出了一群人吵吵闹闹偷窃的场面，最终成为这一领域的领军人物。

二十多岁的年纪就像参加选秀的选手需要不停地证明自己。周边人就像评委一样不停催促你展示更多，因为现在的你无法令人信服。此时别人说的话不可全盘相信。无论是谁，都不会完全了解自己以外的其他人。很多时候别人说的貌似是忠告，实则是自夸。无论是忠告还是自夸，都不会给出一个最终答案。

因此就像导演朴赞郁所言，即便被视为是令人尴尬的"库存"，重要的是要怀有"这还没结束"的想法。正因为别人不相信自己，自己才更应该相信自己，这样才能实现平衡。

在这悲观遍布的世界，我们可以此来寻找希望。

成人毕业礼：在分离中成长

恋爱时曾因为一些小事拉大了双方之间的距离。同性朋友之间也会因为转学，彼此有了不同的关注点，渐渐地断了联系。如果说这是大家都会经历的倦怠期，我心中复杂微妙的感觉却无法解释。在这种状态下，我努力去勉强维持这段关系，结果变得越发孤单，还会苦恼于自己缺乏毅力、自私自利。

但正如人们会对一度痴迷的东西变得无感，喜好会变，对人亦然。在人生的每个重要时期，目标和重点都会发生改变，想要共处之人自然也会发生改变。当我热衷于社会学时，特别欣赏那些积极参与社会活动的人；而当我对电影和音乐感兴趣时，又会迷上自带艺术气息的人；当我想变得擅长开玩笑时，就会寻找跟自己笑点合得来的人；当我心烦意乱需要冷静时，就会和细致体贴的朋友长久待在一起。这样我才能做成真正的自己。

身边人影响着我们，当他们成为自己的一部分后，离别不期而至，我们在这个过程中实现成长。毕业典礼上哭泣的学生并不是因为想一直留在学校，这不过是一种告别仪式而已。正如随着年龄的增长容貌和身材会变，随着时间的流逝我们周围的环境自然也会发生改变。

一段关系无论曾经多么亲密，如果无法使自己进步或激励自己，便应结束这段关系不再折磨自己。正如不仅仅是经济独立，在精神上也要独立于父母，才能长大成人，这正是因为我们接受了在成长过程中不可避免会产生不愉快和离别这一事实。如果硬要把自己塞进曾经合身但现已不再合适的衣服里，最后只会变得讨厌自己。

关于"如何增强自尊心"有很多方法，但我认为最基本的就是要定期检查自己的心胸尺度。只有正视自己的变化，寻找与此相契合的事物，才能开始一段新的缘分；也只有做好准备，随时都可以离开的人才能更好地活在当下。我很喜欢文泰俊的一首诗——《迁徙的草原》，甚至能将其背诵下来。该诗被解读为是一篇关于变化和成长、人与人之间合适距离的一首诗，在这里我选取其中部分与君共享：

希望你我之间有片广袤的草原

期待着你赶你的羊群，我放我的牦牛

生活就是为了赶羊放牛而扎的简陋帐篷

你为你的羊群寻找新的绿茵而移动

我为我的牦牛寻觅新的草地而迁徙

培养钝感

韩国外交部部长康京和之前在联合国任职时，曾参加过一档脱口秀节目，她在节目中被人问道："针对女性在职场中遭遇偏见的问题，您作为一名女性能否给出点建议？"康部长做出了如下回答：

"我心里某个角落也常常有这样的想法：'因为我是女的，人们才这样对我的吗？因为我是韩国人、是亚洲人，所以才受到了歧视吗？'当情况很好，结果很好，合作也很愉快时，当然不会有这样的想法。但是当情况不太好或没能得到想要的结果时，有矛盾或者有人反对你，感到失望时这种想法就会冒出来。我也在努力让自己不要在毫无意义的情况下，去纠结'对方的真实意图是什么'。基本上别人说什么话，就按照字面意思理解即可，不要过度怀疑，也不要反复去琢磨对方的话。这真的是一个不健康的工作习惯，并且很容易产生这样的想法，深陷其中。我见过有太多的同事掉进过这样的心理陷阱，尤其是当你处于领导位置在面对不同文化圈的同事时，一定要带着基本的信任去看待问题，表面上看起来怎样就怎样接受它。"

我似乎明白康部长为何要这样说。我敏感想法又多，当我在职场生活中处理人际关系时，这会带来诸多弊端。相较于男性而言，女性更富有同理心，心思更细，更倾向于追究事件的因果关系逻辑，重视与周围人建立关系，懂得察言观色，做到项目经理职位时经常会在考核中获得好评。但一旦成为部门经理等领导层时，这个优点将不再凸显，反而往往会被人评价为缺乏领导能力。

作为领导者，有时不可避免需要扮演一个恶人的角色，但女性管理者会因过于注重别人脸色而回避这一点，结果导致发挥不出本应有的领导能力。我曾见过很多女性管理人员因未能给组员下达合适的任务，被人诟病为"微观管理"（micromanaging）。如此一来，女性部门经理意志日趋消沉，每当看到部门员工脸色不好便会暗自揣测是不是自己的原因，时间久了自卑感日渐增强；当部门成员对自身提出了批评时，即便这一批评是正当的，自己也会出于"他是看不起我吗"的心理而无法坦然接受，反而会用职位来压制对方。

这样的人不仅会令自己，也会令员工痛苦不堪，会让整个部门变得紧张不安。

公司是一个以创造效益为共同目标的临时集体组织，我们要时刻记得公司里的人不是朋友，而是利益关系相同的同事。工作中可能会有同事和自己的价值观完全不同，也有可能会有同事站到自己的对立面。在压力极大的情况下，待人接物时难以经过细致考虑，不经意间的言语行为也可能给别人造成伤害。如果给所有的事情一一赋予意义，反复深究其理由的话，很容易陷入困境。

尤其是一定要努力改掉反复揣测对方行为的坏习惯，因为经常反复去揣测别人的行为，关系到受害意识的产生。如果对方的反应令人费解，要想着"别人也有可能会这样想"，把关注点仅放到所表现出来的事实本身之上。这种适当的无心和迟钝并不是无视对方，反而是因为尊重对方才会有的态度。在职场上以这样的心态来对待彼此的话，压力会明显减少。这就是我遇到的职场成功人士长久以来的秘诀。

尽力让今天的自己感到幸福

2015 年 1 月的某一天，我在江边北路遭遇了交通事故。当时男友开车，我坐在副驾驶。事故原因在于后车司机未减速。肇事者对交警称当天吃了感冒药，没忍住困意导致了事故的发生。我们的车在后车的撞击下，冲上右侧护栏后停了下来，副驾驶的整个车门被撞飞。我很大一部分的记忆力和体力还有车门上塞着的钱包一起被撞飞了，至今也没能恢复。该事故导致我盆骨和脚踝骨折，膀胱破裂。在做完急救手术之后，我又接受了两次手术。办理了停薪留职，在医院待了5个月。

事故发生后，我变了很多。体力急剧下降，时间观念也变得不同。很多青年人都会觉得年轻时的时间仿佛是无穷无尽，必要时一两天不睡也生龙活虎，稍作休整立刻满血复活，可以同时约见很多人。我的精力也很旺盛，一直以来自然都是多线程生活。下班之后我经常会学些东西，一天也会约见好几拨人。如果有想做的事，少睡点儿觉就行了。我从未想过我的时间和精力是有限的，因为那时的它们总是充足的。

25岁之后经历的那场交通事故完全改变了我的身体状态：受后遗症影响，我不能跑跳；因体力下降，熬夜也变得不再可能。与之前不同的是，一到晚上12点我就困得直打盹。由于体力下降，不太方便的会面会让我感到精力急剧消耗。我的时间观念也发生了变化，我把一度觉得用不完的时间换算成我能保持健康的时间，还扣除了其中如果生孩子将不属于我的那部分时间。

如此算下来，对我而言可支配的时间便没剩多少了。我产生了一种危机感：必须要把对我来说重要的事情依次排序付诸实践才行。定下了这条标准后再来看我的生活，之前我能忍则忍的一些事情现在则是能避免就尽量避免，因为如果把精力花费在了不必要的地方，就没精力去做自己真正想做的事情。

有一次我去理发店，就像大多数的理发店一样，发型师一直在吐槽我的发质有多差。明明说一两遍就可以，结果他翻来覆去说了很多遍，最后他开始建议我再添些费用做一个发膜，说是会改善受损发质。起初我觉得费用比预想的贵太多便打算拒绝，正想说"抱歉，不用了"时，忽然感到眼下这种状况令人极为不快。理发店本是一个花钱享受服务的地方，但我每次从理发店出来之后，很少有心情好的时候。想着自己不想在这种事情上浪费精力，我便找了个日本发型师开的一家价格固定的理发店来做头发。

在遭遇交通事故之后，我切实感受到了生命无常。

人们都觉得交通事故或癌症等倒霉之事不会落在自己头上，曾经的我亦是如此。但当我有了这样的遭遇之后，常常会想，在这个不确定的世界上被人牵着鼻子走，在某一瞬间忽然与世长辞，这样的人生该有多憋屈。

不要煞费苦心去满足别人的期待，而要活成自己想要的样子。为了让我的人生不后悔，我经常念叨的就是：我的时间和精力有限，不要浪费在无意义的地方，要尽力让今天的自己感到幸福。

若总是话中带刺儿，暂时与他保持距离

我们偶尔会说出带刺儿的话，也会听到带刺儿的话。人与人之间交流的能量相当强烈，这些话即便是笑着半开玩笑般说出来的，也依然会给人留下芥蒂。听到了这些话，如果一脸严肃地发脾气或计较的话，会让人觉得不好意思，因此人们一般只会把不高兴埋在心里。

很多时候，说话带刺儿是因为对对方的失望在日常生活中逐渐累积，达到一触即发的边缘；有时则是因为跟对方提出了需要改正的地方，但对方非但不听

还冷嘲热讽。

　　在这样心情不好的状态下维持一段关系，隐藏的刺儿总会冒出头来，这会在说话中体现出来。如果我经常说出或听到带刺儿的话，我会认为这是一个需要暂停和这个人交往的信号。

　　我曾经有一位好友总是会比约定时间晚到 30 分钟左右，无一例外。我忍了又忍，最后警告他说：如果认真对待彼此间的见面是不会一直这样迟到的，希望你能守时。心怀歉意的朋友起初似乎注意了一段时间，但很快又故态复萌。我虽然生气，但也不喜欢把同样的话重复多次。后来我再跟那位朋友约见面时开始话中带刺："反正你都会迟到，我们就在书店见吧，我等你的时候可以看看书。""(如果约定时间是 2 点) 这次 4 点会到吧？"

　　朋友察觉到了我话中有话，开始采取了防御态度，我们很快变得生疏。当意识到我们彼此都从对方那里感到了压力，我决定和他保持距离。虽然我可以通过喝酒来消除彼此间积压的不快或率先道歉，但我并没有这样做，因为我明白带刺儿的话是长期以来攒了又攒的失望产生的结果。此时感情已经伤到了，如果草率解决，很容易去指责对方。

同朋友或恋人分开回来的路上总是感到空虚；在和他分开回来的路上会想起比他更在乎自己的人；因为失望心有不满，经常用带刺儿的话伤害对方，如果出现了上述情况，就要暂时停止这段关系。此时要知道双方之所以这样是因为彼此都很疲惫，给予对方时间进行思考是最明智的。

保持距离，冷静地整理过去感到遗憾的部分，感情的温度自然会下降。根据我的经验，因"你是个不守约，又懒惰又没责任感的人"这一想法感到愤怒不已的心情，会慢慢平静下来，变成"每次看到你不守约的样子，就觉得你不够重视我，导致心情不好"。如果你每次向某人说完带刺儿的话都会后悔的话，建议你暂时与他保持距离。

尽量保留对人之评判

十多年后我再次观看了奉俊昊导演在 2003 年的作品——《杀人回忆》。当初上映的时候我去电影院看了这部电影，丈夫说他自己到现在一次也没看过。我向他推荐说，这部电影很有意思，耐人寻味，是一部必看不可的佳片。而当电影开始放映，我发现其实我对这部电影并不了解。之前完全被自己忽略的部分，现在重新来看才发现其实有着重要的寓意；之前令我大为感动的部分，如今看来却不再大有感触。

小说也一样，之前觉得无聊放弃阅读的小说，几年之后重新翻开会觉得颇为有趣；而一度非常喜欢的小说，重新翻阅也会觉得平淡无奇。艺术和人亦是如此。不是对方改变了，而是因为自己变了。因此只因在某个时期有过短暂经历，便认为自己对其无所不知，这是多么的愚昧！如果仅仅由于少时不好的经历便不再触碰某物，在这个本就充斥着不喜之物的世界，人生将会错失众多感受美好的机会。

随着年龄增长，人们往往会基于以往的经验，在心里像分血型一样主观地将人分成不同的类型，判断他们和自己是否同一类人。这貌似是一种保护自己不受伤的本能，但像这样快速对人进行判断分类一旦成了习惯，自己所结识人群的领域将不再扩大，停滞不前。如果周围都是和自己想法、处境类似的人，自己很快就会变成一个"老古董"。

有过几次这样的经历之后，我会努力在看到一度觉得难以欣赏的作品时不去断言"我不喜欢""这不是我喜欢的类型"，而是会说"我现在还无法欣赏它们"，将其暂为搁置。事实上随着时间的流逝，有很多书籍、电影和音乐当我再次接触到时确实觉得很不错。

人也一样，当我们面对复杂多变、集合了各种爱好的人时，即便当时难以理解，但是若对方不会对自己造成伤害的话，先保留对别人的评价会不会比较好呢？并不是因为我对他错，所以对他感到不满意，而是现在还不是我们彼此见面的好时机。如此想来，便会释然。无论喜与不喜，暂且保留自己的判断，顺其自然。也许某一天时机到来，便会结成一段美好的缘分。

人脉维护也需极简

每逢换季第一件事就是整理衣柜。周末空出一天时间来整理衣柜，按照自己的标准把要扔掉的和继续穿的衣服分好。起初天气回暖我就将春夏装拿出来，天气变冷再将秋冬装拿出来。但如此几番换季下来，衣服堆积了起来，空间也开始变得很狭小。为了放置衣服，我还购置了新的衣橱和衣架，但此外仍有诸多不便。衣服变多了，但真正能穿的衣服却好似更少了。每天早晨我都很苦恼到底要穿什么，但最终穿上身的不过那几件而已。我记不得自己有哪些衣服，常会买回来一些相似款。

书也是如此。因为我喜欢看书，每个月大概会花10 万韩元来买书。买来的书大部分都只读一遍，不会再读第二遍，但想着扔掉的话又觉得很可惜。抱着"总有一天会用上"的想法，就把书堆了起来。现在想来，那时的我似乎还怀有显示自己博览群书的心态。书越堆越多，我又接着买了几次书柜。搬家时，搬家公司员工会问我："怎么这么多书？您是做什么工作的？"而我也不得不支付更多的搬家费用。

我呆呆地望着满屋的衣服和书，也许它们能给我带来短暂的满足，但整理起来耗时耗力，要在其中找出重要的东西则需要花费很长时间。不久之后仅保留必需品的"极简生活"方式开始流行，我对自己过去的执着进行了思考。

恰逢结婚搬家，我把自己三分之二的书都做了处理。我以一个问题为标准将衣服和鞋子分成了要扔的和要留的。我虽只是提了一个问题，但却因此处理掉了近乎一半的东西。这个问题就是——"两年里我用过它一次吗？"

在清理完衣服和书之后，80 平方米的两居室宽敞了不少。把自己所有的东西进行了这样一次大清理之后，穿衣服这件事也变得愉快起来。因为自己有什么衣服一目了然，搭配也变得简单。曾经每当我看见自己的衣服时，便会想："衣服这么多，换季的时候竟然还想买衣服，太虚荣了吧！"现如今这种负罪感也消失了。

为了保持空间的清爽有序，我也定了一些整理书籍的原则。家里放的书不超过两个书架，按本算的话，大概200本左右，每个月买几本新书的同时，就要挑几本卖到二手市场。在这一过程中，我挑选出真正喜欢的和不喜欢的，这也成了我在繁忙纷杂的日常生活中，认真思考自己喜爱之物的机会。

不仅仅是书籍和衣服，人际关系方面我也有过类似经历。我的职业是一名记者，在工作中结识了很多人，脸书和 Kakao Talk 里添加了近千名好友，这其中有很多人仅有一面之缘便再未联系过。即便如此，考虑到别人可能会失望、他们某一天可能会帮到我、人脉的维护等，我会定期见一些其实并不太想见的人，参加一些红白喜事。但是以这种方式和人相处劳神费力，结果并不理想。我曾在同一天约了两三场见面，结果朋友们向我表达了他们的不满。以这种方式相处下来，彼此间的交情自然也不会很深。

　　有过类似经历的不仅只有我而已。很多人在人际关系中感受到了"富足中的贫困"，对人际交往产生了怀疑。大学明日 20+ 研究所以全国 643 名 20 多岁的人群为对象进行了调查，调查结果显示，其中 25% 的人表示因维系人际关系感到疲惫不堪，"不想再去建立新的人际关系"。该研究所据此提出了"关怠期（关系和倦怠期的合成词）"，这一新词作为 2017 年 20 多岁人群生活方式的代表性关键词，为多个媒体所报道。

　　当感觉受制于人时，当身处人群却倍感空虚时，就需要自己制定人际关系的相关准则。以红白事为例，我定了如下原则 —— 周岁宴绝不参加，也不给礼金；只参加同事或密友的婚礼；把人群分为要给礼金和完全不给的两类。与之相反，葬礼则尽量都参加，不方便参加时也会送一些帛金。在日常生活中，如果遇到那种把我当成情感垃圾桶的人，或是只在需要时才会联系我的人，我会尽可能礼貌地与他们保持距离，除非工作需要，私下不直接见面。

　　就像衣柜和书柜需要整理一样，人际关系也要定期整理。要想彼此间的关系有意义，就必须要投入相应的时间来维护关系，积累信任。年轻时连周末都要和公司同事共处的大型企业部长，在退休后想和家人重新建立关系时，家人们表示抗拒或觉得尴尬也是源于此。

朝井辽的小说《何者》中有这样一段话：

> "人们虽然经常说要拓宽人脉，但你知道吗？有生命力的、跳动的才是所谓的'脉'。你好像经常去参加几个剧团的聚餐活动，在那里认识的人你现在还联系吗？如果对方突然给你打电话，你会去见吗？"

我们经常会说忙碌、有压力，好像是因为无法避免的人脉管理。但我们忽略了一个事实：在这种粗浅的管理方式之下，人际关系之"脉"是难以强有力地跳动的。

当感觉受制于人时，

当身处人群却倍感空虚时，

就需要自己制定人际关系的相关准则。

"盲传球"事件的主人公，曾一度为该事件所引发的巨大争议而疑惑。五个月后，当他从某地回国时，却紧紧抓着自己的行李箱离开了机场。正是因为人们的批判，他才改正了自己的行为。如果觉得与其自讨苦吃不如忍一时风平浪静，遭到无礼对待时不加追究、一带而过的话，这便会成为社会弊病。若同类事情一再发生，改变起来也会越发困难。

我很喜欢"英姿飒爽"和"复原力"这两个词语。在这个世界上，虽然单个人的力量是有限的，但我相信只要我们下定决心，勇敢面对，那么至少可以给我们的周围带来改变。希望这本书能给每一个努力"飒爽"生活的读者带来些许帮助，希望大家在面对挫折时，也可以这样想——"这并非全部。"我也将一如既往"飒爽地"坚持创作，希望我们每个人都能幸福美满。

在此特向策划并精心制作本书的徐善行次长、总编、设计师等 Gana 出版社的各位友人表示衷心的感谢！非常开心本书封面和内页能使用我所喜爱的画家Kimi & 12 的画作，感谢您精美的作品为本书增色颇多。另外非常感谢曾在《大学明日》一起共事的同事们、朋友们以及我的家人们。尤其是我的丈夫和津宽洞的徐女士，你们是我的坚强后盾，我爱你们。我周围的好人很多，我一直觉得自己是个幸运儿，希望我们今后也能够长久携手，为彼此的人生增光添彩！